PROSODIE ET MÉTRIQUE LATINES

PARIS — IMPRIMERIE CHARLES BLOT, RUE BLEUE, 7.

PROSODIE ET MÉTRIQUE

LATINES

SUIVIES D'EXERCICES

PAR

G. GRUMBACH

PROFESSEUR AU LYCÉE HENRI IV

ET

A. WALTZ

PROFESSEUR AU LYCÉE CHARLEMAGNE

DOCTEUR ÈS-LETTRES

PARIS

GARNIER FRÈRES, LIBRAIRES-ÉDITEURS

6, RUE DES SAINTS-PÈRES, 6

1882

PRÉFACE

En publiant ce nouveau traité élémentaire de prosodie et de métrique, nous devons quelques explications à nos collègues sur la méthode que nous avons suivie.

I

Jusqu'ici l'enseignement de la prosodie a reposé presque tout entier sur la théorie du *crément* : « Dans les Prosodies latines qu'apprennent nos élèves, dit M. Bréal([1]), on divise les génitifs *homin-is* et *gener-is* de cette façon: *hom-in-is, gen-er-is,* et l'on a inventé pour les syllabes *in* et *er* le nom de *crément.* » Nous rompons aujourd'hui avec cette vieille tradition, non pas pour le plaisir d'innover, mais parce que le crément est en contradiction formelle avec les principes de la grammaire comparée, parce qu'il n'a même aucune utilité comme moyen mnémotechnique.

La théorie du crément débute par une singulière inconséquence. Comment le mot est-il défini?

« 1° *Lorsqu'un nom ou un adjectif ont à leurs autres cas une syllabe de plus qu'au nominatif, cette syllabe s'appelle crément.*

---

(1) *Trad. de la grammaire de* Bopp; *préface du tome* III, *p.* VI.

2° *Un verbe a autant de créments qu'il a de syllabes de plus qu'à la deuxième personne du singulier du présent de l'indicatif* (¹). »

L'élève est porté à croire que dans *consulis* (nominatif *consul*) le crément est la syllabe *is ;* dans *amamus* (deuxième personne *amas*) la syllabe *mus.* Mais il n'en est rien. « *Le crément est non pas la dernière syllabe, mais la pénultième, l'antépénultième, etc.* » ; c'est-à-dire que dans *consulis,* le crément, l'*accroissement* du mot est *sul* qui existe déjà dans *consul ;* dans *amamus, ma* qui existe déjà dans *amas.* C'est toujours là un grand sujet d'étonnement pour les enfants qui raisonnent.

Le crément pèche par un défaut plus grave: il repose sur une erreur grammaticale trop longtemps consacrée, qui consiste à prendre comme point de départ de la déclinaison le nominatif(²), de la conjugaison le présent de l'indicatif. Aujourd'hui que les nouvelles grammaires ont démontré la fausseté absolue de cette théorie, et distingué d'une part le radical, d'autre part les suffixes tels que caractéristiques de temps et de modes, désinences casuelles et personnelles(³), il est temps de mettre la prosodie en harmonie avec les saines doctrines grammaticales, de faire disparaître de nos livres des divisions de

---

(1) *Nouvelle prosodie latine* par M. Quicherat, p. 46 et 51.

(2) « Le génitif se forme du nominatif, et souvent croît en nombre de syllabes, et tous les autres cas dépendent en cela du génitif. » *Méthode latine de* PORT-ROYAL.

D'où la formule suivante :

Dans les noms le crément sera,
Lorsqu'un génitif passera
Dans les syllabes qu'il contient
Le nominatif *dont il vient.*

(3) Voir la *préface de la grammaire grecque* de M. Chassang.

mots arbitraires telles que *con-sul-is*, *am-abami-
ni*, et de les remplacer par *consul-is*, *ama-ba-mini*.
Cette réforme est nécessaire pour rétablir l'esprit de
suite et l'unité dans notre enseignement.

On nous objectera peut-être que le crément est un
procédé commode, au moyen duquel les Prosodies
abrègent et simplifient. Mais est-ce abréger que de
multiplier les règles en séparant *musā-rum* de *musā*,
musā-s; *diē-rum* de *diē-s*, *diē*; *amā-mus* de
amā-s, *amā*? Est-ce simplifier que de créer à la
mémoire des obstacles tels que le premier, le
deuxième et le troisième crément? Et cela, pour
aboutir à quoi? à ce résultat surprenant que *e* crément
occupe le même rang dans *legēre* (futur passif), et
legĕre (infinitif actif), et au contraire trois rangs
différents dans *essēmus*, *amarēmus*, *amavissēmus*.

Evidemment un procédé si défectueux, contraire
à la logique et à la vérité, peut être abandonné sans
regret, et nous espérons obtenir l'approbation de nos
collègues, en leur proposant dans cette Prosodie une
méthode rationnelle qui exclut le crément.

Dans le premier chapitre, nous avons donné, suivant l'usage, des règles générales, mais avec discrétion. Quelques-unes, « *dans les ouvrages analogues,*
comme le fait remarquer M. Quicherat, *sont
assez souvent restreintes par des exceptions
aussi larges qu'elles; dans ce cas il devient diffi-
cile de dire quelle est la règle et quelle est l'exception; l'une pourrait avec autant de raison être
prise pour l'autre.* » Aussi avons-nous renvoyé aux
règles particulières pour ce qui concerne les finales
en *a* et en *e*, en *c* et en *s*. D'autre part, notre méthode

nous a permis de réduire beaucoup le nombre des finales. *Sīs, velīs* se confondent avec *sīmus, velīmus :* la quantité du nominatif *œtas* est indiquée par celle du radical *œtāt-(is)*. Il nous suffit de signaler quelques exceptions comme *pēs*, radical *pĕd-(is)*, *dolŏr*, radical *dolōr-(is)*. L'affaiblissement des finales étant un fait important qui domine toute la prosodie latine, nous sommes entrés à ce sujet dans quelques détails.

Pour la disposition des règles particulières, nous nous séparons de nos devanciers ; nous avons suivi l'ordre de la grammaire, et c'est l'analyse des formes grammaticales qui a servi de base à notre classification. Ce système offre un double avantage. D'abord les faits prosodiques viennent se grouper d'eux-mêmes d'après leur affinité naturelle, de manière à guider la mémoire de l'élève : ainsi *s-ŭ-mus, leg-ĭ-s, leg-ĭ-mus, leg-ĕ-re, celebrab-ĕ-re* (règle sur les voyelles de liaison); *amā-s, amā-mus, monē-s, monē-mus, audī-s, audī-mus* (règle sur la finale du radical dans les verbes contractes). Ensuite la quantité se trouvant expliquée souvent par le mécanisme de la déclinaison et de la conjugaison(¹), il devient inutile de multiplier les exemples.

Comme les mots grecs, en interrompant la suite des règles par des exceptions trop nombreuses, peuvent être une cause d'embarras et de désordre, nous les avons rejetés dans un chapitre spécial.

---

(1) La quantité des syllabes s'explique souvent sans difficulté par l'étymologie, par la formation des mots, et en analysant avec soin les formes grammaticales, dès le commencement des études de grammaire, on peut apprendre, presque sans effort, la plus grande partie des notions réunies à l'usage des écoliers dans nos traités de prosodie.

    E. EGGER. *Notions élémentaires sur la grammaire comparée. p.* 20.

Nous avons ajouté à cette première partie de notre
livre quelques notions générales sur l'accentuation
à cause de ses rapports avec la prosodie, et une
liste des homonymes latins distingués par la quantité.

II

En ce qui concerne la Métrique, notre but est
celui-ci : mettre les élèves en état de scander facilement tous les vers qu'ils peuvent avoir à traduire
dans les versions ou les explications orales, et pour
cela leur fournir des notions précises et méthodiquement ordonnées.

Nous avons adopté les théories acceptées par la
science moderne, dont le grand avantage est de
présenter aux écoliers un système commode et facile
à retenir. Toutes les formes de versification ont été
exposées, sauf les mètres des vieux comiques, à cause
des nombreuses irrégularités ou particularités de
prosodie qui s'y rencontrent. Nous avons négligé
également les mètres qui ne sont pas encore employés
dans la période classique.

Nous devons signaler à l'attention de nos collègues qui voudront bien se servir de notre livre un
point particulier. La définition de la césure jusqu'ici
employée dans tous les traités élémentaires est non
seulement arbitraire et contraire à l'usage des anciens, mais, ce qui est plus grave, elle ne s'applique
ni à toutes les césures des vers lyriques, ni même à

toutes les césures de l'hexamètre. Si l'on donne le nom de césure à la dernière syllabe d'un mot qui est en même temps la première partie d'un pied, que de vers sans césure, que de vers où la césure est déplacée contrairement au bon sens et à l'harmonie! La vérité est que tous les vers d'une certaine longueur peuvent être envisagés comme étant primitivement composés de deux membres; ces deux membres, pour former un ensemble, doivent se rencontrer et se souder l'un à l'autre au milieu d'un pied. Ex :

> Te, veniente die | , te decedente canebat.   V.

Au milieu du 3ᵉ pied, après *die*, le premier membre s'arrête et se relie avec *te*, qui appartient au second membre. La césure n'est autre chose que ce temps d'arrêt, ce *repos* entre les deux parties d'un pied. Tantôt ce repos se trouve exactement à la fin du premier membre, comme dans l'exemple cité plus haut, tantôt il se déplace légèrement comme dans les deux vers suivants :

Césure après la 1ʳᵉ *syllabe du* 4ᵉ *pied :*

> Infandum, regina, jubes | renovare dolorem.   V.

Césure après la 2ᵉ *syllabe du* 3ᵉ *pied :*

> Obstipuit simul ipse, | simul percussus Achates.   V.

Le repos qui sépare les deux parties du vers tombe quelquefois après un mot entier ; dans ce cas, on le nomme *diérèse*. Cette coupe, régulière dans quelques espèces de vers, est employée exceptionnellement dans l'hexamètre pour produire certains effets d'harmonie, après le second, le troisième ou le quatrième pied. Ex.:

Hæc ubi dicta, cavum conversa cuspide montem
Impulit in latus, | ac venti velut agmine facto
Qua data porta ruunt.   V.

Cette théorie explique commodément l'agencement des mots et des pieds, d'où résultent l'unité, l'harmonie et la variété des vers.

III

Une étude entièrement abstraite des règles de la prosodie et de la versification serait nécessairement stérile pour des enfants. Aussi avons-nous cru devoir joindre à ce traité quelques modèles d'exercices, destinés à graver dans l'esprit des élèves la quantité des syllabes, et les règles relatives aux différentes sortes de vers. Nous nous sommes en cela conformés aux indications du nouveau plan d'études.

Dans notre pensée ces exercices doivent être principalement *oraux* et se faire en classe, sous la direction du maître; cependant pour permettre aux professeurs d'en donner à faire un certain nombre sous forme de devoir écrit, nous avons emprunté une partie de nos exemples aux poètes, anciens ou modernes, qui ne sont pas entre les mains des élèves.

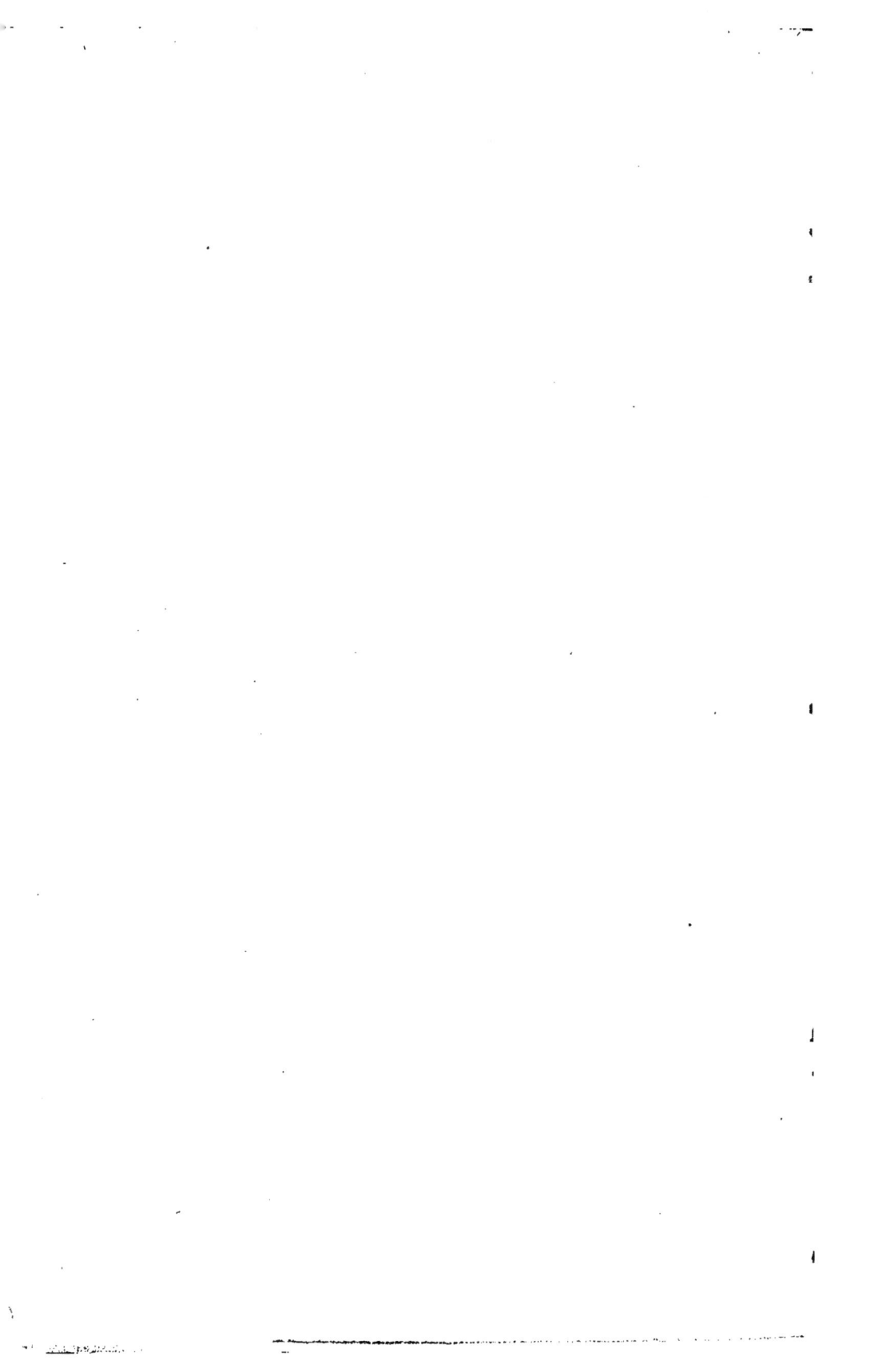

PROSODIE LATINE

CHAPITRE PREMIER

NOTIONS PRÉLIMINAIRES

DE LA QUANTITÉ

§ 1. Les syllabes se prononcent tantôt rapidement, comme *rosa*, tantôt lentement, comme *flores*.

Cette durée de la prononciation des syllabes *brèves* ou *longues* s'appelle *quantité*.

La versification latine repose sur la quantité, c'est-à-dire sur les combinaisons variées des brèves et des longues.

L'ensemble des règles de la quantité constitue la *prosodie*.

Les syllabes brèves se marquent par un *c* renversé ex. : *rŏsă ;* les syllabes longues par un trait horizontal, ex. : *flōrēs* (1).

Quelques syllabes sont brèves ou longues à volonté, c'est-à-dire *communes ;* elles se marquent par le double signe ≍, ex. : *tenĕbræ.*

RÈGLES GÉNÉRALES

DIPHTONGUES ET SYLLABES CONTRACTES

§ 2. Toute diphtongue est longue, comme *aūri*, *cælum*, *eūrus*, *heī* (ou *eī*).

De même, toute syllabe qui est le résultat d'une con-

---

(1) Les Latins marquaient primitivement la quantité longue par le redoublement de la voyelle (en effet *une* longue vaut *deux* brèves), *aara* pour *ara;* puis par un signe particulier nommé *apex*, dont la forme a beaucoup varié; le plus souvent ´, *hóra*.

traction ou d'une syncope (1) est longue, comme *nīl*
pour *nĭhĭl*, *cōgo* pour *cŏăgo*, *fĭlī* pour *fĭlïë*, *mālo* pour
măgĕvŏlo, *nōlo* pour *nĕvŏlo*, *bīgæ* pour *bĭjŭgæ*, *mōmentum*
pour *movmentum*, *exāmen* pour *exagmen*, *dī-versus* pour
dis-versus (2).

> Ex. : . . . . Quid non mortalia pectora cōgis,
>   Aŭri sacra fames ? . . ▸ . . . .   V.

RÈGLE DE POSITION.

En latin, comme dans les autres langues anciennes, l'accumulation des
consonnes après une voyelle créait une difficulté de prononciation ; de là
résulte la règle de l'allongement par *position.*

§. 3. Toute syllabe est longue, quand la voyelle,
même brève de sa nature, est suivie dans le même mot
de deux consonnes ou d'une consonne double, *x* ou *z* (3),
comme *ēst* (*ĕs*), *dūx* (*dŭcis*), *līnquănt*, *pēllo*.

REMARQUE. — *Qu* est considéré comme une seule lettre : *ĕquus, rĕquies.*

Exception. — Si la seconde consonne est une des li-
quides *r* ou *l*, toute syllabe brève de sa nature devient
commune, comme *pătris*, *ăgri*, *pŏples*..

Ex. : Natum ante ora pătris, pătrem qui obtruncat ad aras. V.

REM. — Ne sont pas compris dans cette exception, les mots composés,
comme *ăb-luo*, *ŏb-ruo.*

§ 4. Une syllabe finale devient aussi longue par
position, quand les deux consonnes qui suivent la
voyelle sont placées, l'une à la fin d'un mot, l'autre au
commencement du mot suivant (4).

Ex. : Sternīt agros, sternīt sata læta boumque labores.   V.

REM. — H étant simplement un signe d'aspiration ne compte pas
comme consonne. Ex. : Ūnŭs (*h*)*omo.*

(1) Pour simplifier, nous comprenons aussi sous le nom de *syncope* la
suppression d'une consonne au milieu d'un mot.
(2) Cependant *i* est bref dans *nĭvis* pour *nig-vis.*
(3) Pour les voyelles suivies d'un *j* voir § 13.
(4) *S* final ayant un son très faible, surtout quand il était précédé
d'une voyelle brève, les anciens poètes n'en tenaient pas compte dans la
mesure des vers :
Ex : *Omnibŭs cura viris* dans Ennius, et même *Tu dabis supplicium*
dans Catulle. On écrit aussi avec une apostrophe, *Omnibŭ' cura viris. Tu
dabi' supplicium.*

§ 5. Les poètes, en général, évitent de placer un mot terminé par une voyelle brève devant un mot commençant par deux consonnes, particulièrement *sc*, *sp*, *st* ou *x*. Lorsqu'ils le font par exception, la règle de position est tantôt observée, tantôt négligée :

Ex. : . . . . date telã : scandite muros.   V.
            Sæpĕ stylum vertas. . . . .   H.

Mais si la seconde de ces consonnes initiales est une liquide, la voyelle finale brève ne s'allonge pas.

Ex. : Concordes animæ nunc, et dum noctĕ premuntur. V.

RENCONTRE DES VOYELLES.

§ 6. La prosodie latine adoucit la rencontre des voyelles par les moyens suivants :

1° Dans l'intérieur d'un mot.

Quand deux voyelles se rencontrent dans l'intérieur d'un mot sans former une diphtongue, la première est brève, sinon par nature, au moins par position, comme *timĕo*, *audĭo*, *cŏĕo*, *mĭ(h)ĭ* (1).

Ex. : . . . . . . timĕo Danãos et dona ferentes.   V.

Ainsi s'abrègent en composition :

præ dans *prăeustus*, *prăeacutus*, *prăeeunte* ;
de dans *dĕhinc;*
pro dans *prŏavus*, *prŏhibeo*.

2° Entre mots différents. Élision.

§ 7. Quand deux voyelles se rencontrent l'une à la fin d'un mot, l'autre au commencement du mot suivant, la première se fond avec la seconde, au point de ne plus compter dans la mesure du vers : c'est ce qu'on

____

(1) *Exceptions.* — *Dius* pour *dīvus*, *Dīana*, *ŏhe.* Pour *dĭĕi*, *fīo*, et les génitifs en *īus*, voir les règles sur les permutations entre *i* et *j*, §§ 14 et suivants.

appelle *synalèphe* (1) ou *élision*. L'élision est marquée par ce signe ⌢.

> Ex. : Conticuere omnes, intentique ora tenebant.   V.

La règle de l'élision s'applique également aux diphtongues et aux finales en *m*, *m* finale se prononçant très faiblement, au point de disparaître devant une voyelle (2).

> Ex. : Monstru (m) horrendu (m), informe, ingens. . .   V.

Les finales en *m* placées devant une consonne suivent la règle de position.

> Ex. : Sūm pius Æneas . . . .   V.

On donne à ces finales le nom de *moyennes*.

> Pour : *nostrumst, ulmost*, au lieu de *nostrum est, ulmo est* V. le chap. de l'*Accentuation* : Enclitiques.

REMARQUES SUR L'ÉLISION.

§8. En général, les brèves sont plus fréquemment élidées que les moyennes, les moyennes plus fréquemment que les longues.

L'élision des monosyllabes *longs* ou en *m* est rare, principalement devant une brève.

Les exceptions les plus nombreuses portent sur les mots invariables *num, tum, jam, nam*, et sur *qui* (nom. sing.), *me, te, se, tu, mi* (datif) et *sum*.

Les poètes qui ont usé avec le plus de liberté de l'élision sont : Plaute, Térence, Ennius, Lucilius, Horace dans ses satires, Virgile ; mais Ovide et ses imitateurs sont plus sévères. En général, on peut dire que les élisions sont devenues de plus en plus rares et de moins en moins dures.

---

(1) De συναλοιφή, mélange, fusion.
(2) C'est ainsi que *venum eo* s'est réduit à *veneo, animum adverto* à *animadverto*. Il faut remarquer cependant *circumago.*

HIATUS.

§ 9. Lorsque l'on n'observe pas la règle de l'élision, la rencontre insolite des deux voyelles forme un *hiatus*.

L'hiatus est de règle après les interjections *o, ah* (ou *a*), *proh* (ou *pro*) *heu* (ou *eu*).

Ex. : O pater, ō hominum, divumque æterna potestas. V.

Dans tous les autres cas, il constitue une exception assez rare.

Les hiatus les plus fréquents sont ceux de la voyelle longue ; on les rencontre, pour la plupart, dans la partie forte du pied, surtout devant la césure principale, ou bien aussi devant des noms propres et des mots grecs :

Ex.: Nereidum matrī et Neptunō Aegeo. V.

Les autres cas sont beaucoup plus rares; en voici pourtant quelques exemples :

Addam cerea prună. Honos erit huic quoque pomo.
(Virg., *Buc.*, II, 53.)
..... Cocto nŭm adest honor idem?
(Hor., *Sat.* II, 2, 38.)

Quelquefois la voyelle longue non élidée devant une voyelle s'abrège (1).

Ex.: Et longum, formose, valē vălĕ, inquit, Iolla.
(Virg., *Buc.*, III, 79.)
Te Corydon, ŏ Alexi : trahit sua quemque voluptas.
(Virg., *Buc.*, II, 65.)
Insulæ Ionio in magno.. . . . .
(Virg., *En.*, III, 211.)

Ces licences sont plus fréquentes chez Virgile que chez les autres classiques.

SYNÉRÈSE.

§ 10. Dans le corps des mots il se produit quelque chose d'analogue à l'élision. Nous avons vu que quand deux voyelles se rencontrent, la première est brève, par

(1) Imitation de la prosodie grecque.

exemple : *dĕhinc*. Quelquefois elle s'abrège au point de disparaître dans la mesure du vers ; ainsi *dĕhinc* peut se réduire à *d(e)hĭnc*, *aurĕō* à *aur(e)ō*. Cette sorte de syncope s'appelle *synérèse* (1).

La synérèse, très fréquente chez les vieux poètes, est la règle dans quelques mots, tels que *alv(e)āre*, *d(e)ēst*, *d(e)ērrat*, *d(e)ĭnde*, *ant(e)ĭt*, *ant(e)hāc*, dans les composés de *semi*, *sem(i)ănĭmis* (2), *sem(i)hŏmo*. Elle est en usage dans *pr(o)ĭnde*, *(e)ōdem*, *(e)īsdem* et dans les cas en *ī*, *ō*, *īs* des noms et adjectifs en *eus* : *ferr(e)ī*, *alv(e)ō*, *aur(e)īs*.

> Ex. : . . . . simul accipit alv(e)ō
> Ingentem Æneau. . . . .   V.

J consonne.

§ 11. *J*, au commencement des mots, compte pour une consonne simple.

> Ex. : Ast ego quæ divum incedo reginā, Jovisque
> Et soror et conjux . . . .   V.

Il en est de même dans le corps des mots composés après une consonne : *ābjicio*, *ābjungo* (3).

I équivalant à J consonne.

§ 12. Quelquefois les poètes donnent à *i* la valeur de *j* consonne, ainsi *ārjete* (pour *ărĭete*), *ābjete*, *pārjete*, *flŭvjorum*, *princĭpjum*, *omnja* (pour *omnia*).

> Ex. : . . . . quin protinus omnja
> Perlegerent oculis. . . . .   V.

J voyelle, ou I double.

§ 13. Dans le corps des mots et entre deux voyelles, *j* équivaut à *ii*, et la voyelle qui précède est longue ;

---

(1) συναίρεσις, contraction. On dit encore *synizèse* (συνίζησις, affaissement)·
(2) On écrit même *desse*, *derrare*, *semanimis*.
(3) Remarquons la chute du *j* dans certains composés de *jăcio* : *ăd-ic* *ăb-icio*, *ŏb-icio*, *reīcio* (*reī* ne forme qu'une syllabe).

comme dans *mājŏr* (*maiior*), *Pompējus*, et dans les génitifs *ējus, cūjus, hūjus* (*eiius, cuiius, huiius*) (1).

Ex. : Nescio quid mājus nascitur Iliade..   Prop.

I équivalant à J voyelle, ou I double.

§ **14.** *I* équivaut quelquefois à *J* voyelle ou à *ii*, d'où résultent les particularités suivantes :

La voyelle qui précède *i* reste longue dans *aurāi, diēi*.

Réciproquement *i* reste long, même devant une voyelle :

1° dans les génitifs en *ius, alīus, neutrīus*. Mais il est devenu commun dans les autres formes : ainsi *illĭus, unĭus*, etc.; il s'est même complètement abrégé dans *alterĭus*.

2° dans *fīo* (2), *fīunt, fīam*; mais il s'est abrégé dans *fĭeri, fĭerem*.

Ex. : Omnia jam fĭent, fĭeri quæ posse negabam.   Ov.

U équivalant à V.

§ **15.** *U* a la valeur d'un *v* :

1° Après *g* dans *lingvă* (pour *lingua*), *angvĭs, pingvĭs, sangvĭs, langvŏr, langvĕo* (3);

2° Après *s* initial dans *svāvĭs* (pour *suavis*), *svādeo, svesco* et les dérivés ou composés.

Ex. : Svāve mari magno, turbantibus æquora ventis... Lucr.

On trouve de même *gēnva* pour *gĕnŭa, tēnvĭa* pour *tĕnŭia, pītvĭta* pour *pītŭĭta*.

Ex. : Gēnvă lābant . . . .   V.

V équivalant à U.

§ **16.** Plus rarement les poètes comptent comme *u* un *v* dans les mots où il est ordinairement consonne; par exemple : *sĭlŭæ* pour *sĭlvæ, mīlŭus* pour *mīlvus*, dans Horace.

(1) Il faut excepter les composés de *jŭgum: bijŭgus, quadrĭjŭgus*.
(2) Pour *fu-i-o*.
(3) Au parfait *lang-ŭi*.

DES SYLLABES FINALES.

1º *Finales en consonnes.*

§ **17**. Sont généralement brèves :

Les finales en *b* : *ăb, ŏb, sŭb ;*

en *d : ăd, illŭd, apŭd ;*

en *l : nihĭl, procŭl, semĕl* (1) *;*

en *n : flumĕn, tamĕn, ăn, ĭn* (2) *;*

en *r : patĕr, fĕr, legitŭr, diciĕr*, inf. passif archaïque (3);

en *t ; capŭt, tŏt, lĕgĭt.*

REMARQUE. — Les consonnes finales *l*, *r*, *t* ont la propriété d'abréger la voyelle précédente, voir § 18.

2º *Voyelles finales.*

Sont généralement longues :

Les finales en *i* : 1º *Dominī, diēī, puppī, quī, vigintī.*

2º *fuī, monuistī, dicī.*

3º *sī, nī, utī* (4).

en *u : manū, gelū* (5), *diū, dictū* et le pronom *tū.*

Cependant *i* final est commun dans *mihĭ, tibĭ, sibĭ, ibĭ, ubĭ ;* bref dans *nisĭ, quasĭ, sicubĭ, necubĭ.*

Pour *i* final dans les mots grecs, voir chap. III.

O final s'est souvent abrégé. V. § 19.

N. B. — Pour les autres voyelles et pour les finales en *c* et en *s*, nous renvoyons aux règles particulières, la quantité de ces finales étant très variable.

FINALES ABRÉGÉES.

§ **18**. Les syllabes longues, à l'origine très nombreuses dans la langue latine, se sont souvent abrégées, surtout à la fin des mots (voir le chap. de l'*Accentuation*). Nous avons vu précédemment *mihĭ, tibĭ*, etc. Ainsi se sont abrégés :

1º Dans les déclinaisons, les nominatifs en *al* et en

(1) Excepté *nīl, sōl.*
(2) Excepté *ēn, nōn, quīn, sīn.*
(3) Excepté *cūr, fūr, fār, lār, pār*, et les mots grecs *œthēr, aēr, cratēr.*
(4) Pour *diēī*, v. § 14; *puppī* abl. pour *puppid*, et dat. pour *puppei ; qui, fui, si, ni* pour les formes archaïques *quei, fuei, sei, nei; dici* pour *dicei.*
(5) Voir § 32.

ar des adjectifs pris substantivement, comme *animăl, calcăr*, gén. *animālis, calcāris* (1) ; les nominatifs en *or* comme *dolŏr, meliŏr*, gén. *dolōris, meliōris ;*

2° Dans les conjugaisons, toutes les finales des verbes en *r* et en *t*, comme *legăr, amĕr, monĕt, audĭt*, etc. ; quelle que soit la quantité de la même voyelle aux autres personnes, comme *legāris, amēris, monēs, audĭmus*, etc.

Il faut excepter les formes de parfaits contractes, comme *obīt*, pour *obiit, petīt*, pour *petiit, inritāt*, pour *inritavit*, et même le plus souvent la forme non contracte *iit* et ses composés, ainsi que *petiit*.

O final abrégé.

§ 19. *O* final, primitivement long, est devenu commun, principalement quand la pénultième est brève :

1° Dans les nominatifs, comme *homŏ, Catŏ* ;

2° Dans les formes de premières personnes, comme *amŏ, erŏ, dabŏ* (2).

Il est devenu bref dès le siècle d'Auguste dans *putŏ, volŏ, sciŏ* et *nesciŏ*.

Il est bref dans *egŏ, duŏ*, dans *cedŏ* (impératif pour *cedĭto*).

Il est resté long au datif et à l'ablatif, excepté dans les formes adverbiales *citŏ, modŏ* et ses composés (3).

Finales affaiblies en e bref.

§ 20. *E* est bref dans quelques finales affaiblies, comme *dominĕ* (vocatif), radical *domino ; patrĕ*, abl. (pour *patrĭd*); *illĕ, istĕ* (pour *illŭs, istŭs*); *amaverĕ* (pour *amaverunt*), *amarĕ, celebraberĕ* (pour *amaris, celebraberis*) ; *magĕ, potĕ, fortassĕ* (pour *magĭs, potĭs, fortassĭs*) ; *herĕ* (pour *herī*).

(1) Voir pour la quantité de *ăli(s), ări(s)* la liste des *suffixes*, p. 38.
(2) *O* est toujours long dans les monosyllables *dŏ, nŏ, stŏ*.
(3) Ovide et surtout les poètes postérieurs au siècle d'Auguste continuent à abréger *o* final : par ex. *ambŏ, octŏ, estŏ, credŏ, ergŏ, quandŏ, immŏ*, même les gérondifs ablatifs, *vincendŏ, lugendŏ*.

§ 21. *Apocope.*

L'apocope ne modifie en rien la quantité de la syllabe précédente : *socĕr(us)*, *nĭhĭl(um)*, *făc(e)*, *dīc(e)*, *dŭc(e)*. Quelquefois cependant cette syllabe s'abrège : *vidĕn*, *nostĭn* pour *vidēsne*, *nostīne*. Nous avons déjà vu *animăl*, *calcăr* pour *animāle*, *calcāre*. § 18, 1°.

§ 22. *Suppression des consonnes finales.*

La suppression d'une consonne a lieu sans allongement compensatoire :

1° devant la désinence *s* dans la plupart des nominatifs dont le radical est bref :

Ex. : *segĕs, hospĕs; obsĕs*, rad. *segĕt(is), hospĭt(is), obsĭd(is)*); (il faut excepter *abĭēs, arĭēs, parĭēs, pēs* et ses composés, ainsi que *Cerĕs, Cerēris*) ;
lapĭs, cuspĭs, rad. *lapĭd(is), cuspĭd(is); pulvis* pour *pulvis-s; sanguĭs* pour *sanguĕn-s;*
compŏs rad. *compŏt(is)*.

2° à la fin des monosyllabes *cŏr, fĕl, mĕl, ŏs*, rad. *cord(is), fell(is), mell(is), oss(is)*.

CHAPITRE II

DÉCLINAISONS

RÈGLES COMMUNES AUX DIFFÉRENTES DÉCLINAISONS.

§ 23. 1° Sont brèves les finales :
en *a* au neutre pluriel comme *don-ă, oss-ă, forti-ă;*
en *jus* et en *ius*, comme *cu-jŭs, ill-iŭs, null-iŭs ;*
en *bŭs, ĭbŭs*, comme *avi-bŭs, consul-ĭ-bŭs, die-bŭs;*
2° Sont longues les finales en *is* au datif et à l'ablatif

du pluriel : comme *ros-īs* (*rosais*), *prodigi-īs* (*prodigiois*),
quīs (équivalant à *quibus*), *no-bīs*, *vo-bīs* (1).

Ex. : Prodigiīs actī cœlestĭbŭs ossă piabunt.   V.

RÈGLES PARTICULIÈRES.

Première et deuxième déclinaison.

§ 24. A la première et à deuxième déclinaison, la
syllabe finale du radical est brève au nominatif et au
vocatif : *rosă, dominŭ-s* (primitivement *dominŏ-s*) *dominĕ*.

Elle s'allonge aux autres cas : *rosā* (abl,) *dominō*; *rosā-s,
dominō-s*; *rosā-rum, dominō-rum*; formes archaïques
aurā-i, familiā-s (2).

Ex. : Natĕ deā, quæ nunc animō sententiā surgit (3)?   V.

REMARQUE. — Dans les mots terminés en *r* au nominatif, comme *puer*,
vir, la voyelle qui précède *r* est brève, *puĕro, vĭri, satŭræ*.
Ex. : Ite domum satŭræ, venit Hesperus, ite capellæ.   V.

Troisième déclinaison.

DÉSINENCES

§ 25. Sont brèves les désinences suivantes :
au génitif singulier, *ĭs* (en grec ος), *laud-ĭs ;*
à l'ablatif singulier, *ĕ* (v. § 20), *laud-ĕ, amor-ĕ.*

Ex. : Laudĭs amorĕ tumes . . . .   Hor.

Est longue la désinence *ēs* aux trois cas semblables
du pluriel, *patrē-s, latic-ēs, crudel-ēs* (4).

Ex. : Securos laticēs et longa oblivia potant.   V.

Pour les autres désinences, *v.* §§ 17 et 23.

Observation. — Le nominatif garde généralement la

(1) Pour les finales en *ī*, voir § 17, 2o.
(2) *Rosā, dominō* (abl.) sont pour *rosad, dominod ; domino* (dat.) pour
domino-i ; rosa-s, domino-s pour *rosam-s dominom-s;* comparez *familias*
avec ἡμέρας. Pour les autres cas, en *æ*, en *m* finale, en *is*, voir les règles
précédentes.
(3) V. pour *ă* au neutre le § 23, 1o.
(4) Même quantité dans les formes, *omnīs, urbīs*, équivalant à *omneis,
urbeis*.

quantité de la finale du radical, sauf quelques exceptions que nous signalerons au passage.

N. B. Nous ne mentionnons pas le vocatif qui se confond avec le nominatif.

FINALES DES RADICAUX

§ **26.** Les radicaux de la troisième déclinaison admettent à leurs syllabes finales également toutes les voyelles, suivies ou non d'une consonne, tantôt brèves, tantôt longues, par ex. : *ætāt-is*, *trăb-is*, *nubē-s*, *segĕ-s* (pour *seget-s*), *turrĭ-s*, *lĭ-s* (pour *lit-s*), *sermōn-e*, *æquŏr-e*, *murmŭr-is*, *tellŭr-is*, etc.

Voici les règles de quantité particulières à chaque voyelle :

QUANTITÉ DES DIFFÉRENTES VOYELLES

§ **27.** *A* est bref dans quelques radicaux en *ar* (1), *ar-is*, comme *jubăr-is*, *lăr-is*, *păr-is* et ses composés (2), ainsi que dans *dăp-is*, *săl-is*, *trăb-is*, *văd-is*.

Ex. : . . . . . numero deus impăre gaudet.   V.

A est long dans tous les autres mots : *novitāt-is*, *novitā-ς*, (νεότητ-ος, νεότη-ς), *audāc-is*, *fās*.

Ex. : Heu pietās! Heu prisca fides. . . . . .   V.

REMARQUE. — *A* est long au nominatif dans *făr*, *lăr*, *mās*, *păr* et *săl*.

§ **28.** *E* est long :

1° Au nominatif du singulier des radicaux terminés

(1) Ne pas confondre avec les radicaux en *ar* (i) comme *calcăr-is* : V. §18, 1°.
(2) Ajoutez quelques noms propres, comme *Cœsăris*, *Annibălis* et les mots grecs en *ăs*, *ădis*.

par une voyelle, comme *nubē-s, sede-s* (1), (gén. *nub-is, sed-is*).

Ex. : Scindit se nubēs, et in æthera purgat apertum.   V.

2° Dans quelques radicaux terminés par une consonne, et à tous les cas : *herēd-is, herēs, locuplēt-is, mercēd-is, quiēt-is, lēg-is, rēg-is, vĕr-is(vĕr), vervēc-is, rēn-is (rēn).*

E est bref dans tous les autres mots : *segĕt-is, segĕs, divĕs, pulvĕr-is, munĕr-is, pĕd-is, abiĕt-is* ; et de même à la finale des neutres : *marĕ, tristĕ, necessĕ.*

Ex. : Divĕs opum . . . .
. . . . Terram, Marĕ, Sidĕra, juro.   V.

Pour *segĕs, divĕs, pĕs, abiĕs, ariĕs, pariĕs, Cerēs,* v. § 22.

§ 29. *I* est long :

1° Dans *dīs, dīt-is, glīs, glīr-is, līs, līt-is, Quirīs, Quirīt-is, vīs, vīr-es;*

2° Dans les mots qui ont le nominatif en *ix*, comme *radix, radīc-is, felix, felīc-is,* sauf *calĭc-is, fornĭc-is, pĭc-is, salĭc-is, nĭv-is* et *vĭ-ce* (nom. *vix* inusité).

Ex. : Vivite felīces, quibus est fortuna peracta.   V.

I est bref dans tous les autres mots : *avĭ-s, qualĭ-s* (nom.), *lapĭ-s; sanguĭn-is, homĭn-is, gurgĭt-is, silĭc-is.*

Ex. : Qualĭs ubi in lucem coluber mala gramĭna pastus... V.

§ 30 *O* est bref dans tous les noms neutres : *robŏr-is, æquŏr-a, pectŏr-a, ŏs (ossis),* sauf *ōs, ōr-is.*

(1) Ces formes appartiennent en réalité à la cinquième déclinaison ; *fames* a même gardé l'ablatif *famē* et *requies, requiē.*

O est long dans les autres mots : *honōs, honōr-is, flōs, flōr-is, nepōs, nepōt-is, dolōr-is, leōn-is, meliōr-is* (1). V. la remarque.

> Ex. : Aut illæ pecŏri frondem, aut pastŏribus umbras
> Sufficiunt . . . .   V.

Il faut excepter *arbŏr-is, bŏv-is* (*bōs, bōbus* pour *bov-s, bov-bus*), *lepŏr-is* (de *lepus*), *ŏp-is, memŏr-is* (2).

REMARQUE. — Nous avons vu aux §§ 18 et 19, que les nominatifs en *or* s'abrègent, et que les nominatifs en *o* sont quelquefois communs.

§ 31. — *U* est long :

1° Dans les deux nominatifs du singulier, *sū-s, grū-s;*

2° Dans *frūg-is, fūr, fūr-is, lūc-is*, et à tous les cas des noms en *us* (primitivement *ous*), qui font au génitif *udis, utis, uris: palūs, palūd-is, salūs, salūt-is, tellūs, tellūn-is, plūs, plūr-is ;* sauf *pecŭs, pecŭd-is*.

> Ex. : Disce, puer, virtūtem ex me verumque laborem.   V.

U est bref: dans tous les autres mots *lepŭs, corpŭs, consŭl-is, dŭc-is, murmŭr-is*.

> Ex. : Si canimus silvas, silvæ sint consūle dignæ.   V.

Quatrième déclinaison.

§ 32. La quatrième déclinaison se confond en réalité avec la troisième. La quantité des désinences est la même.

La voyelle finale du radical est brève de sa nature : *portŭ-s* (nominatif singulier), *portŭ-bus, manĭ-bŭs;* mais elle s'allonge dans les formes contractes :

---

(1) Dans les comparatifs neutres, *o* reste long.
     Ex. .... video meliōra, proboque.   (Ov.)
(2) Pour *compŏt-is, præcŏc-is*, v. le chapitre des *mots composés* et, pour *compŏ-s*, § 22.

Au génitif du singulier *manŭ-s* pour *manu-is ;*

au nominatif et à l'accusatif du pluriel, *manŭ-s* pour *manu-es ;*

à l'ablatif, et quelquefois au datif du singulier, *manū* pour *manu-e* ou *manu-i* ;

à tous les cas des neutres en *u : gelū, cornū* (le nominatif est pour *gelu-e, cornu-e*).

Ex. : Bis conatus erat casūs effingere in auro.   V.

Cinquième déclinaison.

§ **33.** *E* est long à tous les cas des noms de la cinquième déclinaison, *diēs, diē, diē-bus, diē-i* (1).

Ex. : Nunc adeo melior quoniam pars acta diēi.   V.

E s'est abrégé dans les formes de génitif ou de datif du singulier, où il n'est pas précédé immédiatement d'un *i* bref, comme *rĕï, fidĕï.*

CHAPITRE III

MOTS GRECS

1° RÈGLE GÉNÉRALE.

§ **34.** Les mots grecs qui ont passé en latin gardent généralement la quantité qu'ils avaient en grec (2).

Ex. Noms communs. *Grammaticē, poemă, poemătă, lampăs, lampădis, herōs* d'où *herōus* (3), *āēr, æthēr, crātēr* (ἀήρ, αἰθήρ, κρατήρ), gén.

(1) V. § 14.

(2) Il faut excepter les nominatifs en *or*, *Hectŏr* (Ἕκτωρ), et l'accusatif *Maiăn.*

(3) Dans les mots dérivés du grec, une voyelle longue ne s'abrège pas devant une autre voyelle ; cependant on trouve *chorĕă, platĕă.*

āĕris, *æthĕris* (ἀέρος, αἰθέρος), *cratĕris* gén. (κρατῆρος), *magnēs* (μάγνης), *magnētis*.

Noms propres. *Ænēās* (Αἰνείας), *Alexandrīa* ou *ēa*, *Echŏ*, gén. *Echūs* (ἠχώ, ἠχοῦς), *Erinnȳs*, *Œdipūs* (Οἰδίπους), *Œdipŏdis*, *Pallăs*, *Pallădis*, *Pallās*, *Pallantis*, *Rhodŏs*, *Sirēn*, *Titān*, *etc.*

Terminaisons patronymiques : *Æneădēs*, *Pelīdēs* (Πηλείδης), *Priamĭdēs* (Πριαμίδης).

2° RÈGLES PARTICULIÈRES

Première Déclinaison.

§. 35. *A* est bref dans les vocatifs, tels que *Orestă*.

A reste long à tous les cas de *Ænēās* : voc. *Æneă*, acc. *Æneān* (1).
E reste long à tous les cas de *grammaticē*, *ēs*, *ēn*, et dans les noms patronymiques : *Pelīdē*, *Pelīdēn*.

Deuxième Déclinaison.

On est bref dans les formes telles que *barbitŏn*, *Iliŏn*, *Rhodŏn*.

Troisième Déclinaison.

A et *As* sont brefs dans les accusatifs tels que *Gorgonă*, *heroă*, *Troăs*, *heroăs*.

Os est bref dans les génitifs tels que *Palladŏs*.

I est commun dans les datifs tels que *Paridĭ*.

I reste bref dans les mots tels que *Daphnĭs*, voc. *Daphnĭ*, acc. *Daphnĭn*; de même dans *Daphnĭdis*.

§ 36. Quelques noms propres ont une déclinaison mixte :
Orpheŭs, *Orphĕi* et *Orpheī* ou *Orphĕŏs*.
Achillēs, *Ulixēs*, gén. *Achillīs*, *Ulixīs*,
Achilleŭs (*Ulixeŭs*), *Achillĕī*, *Ulixĕī* (2),
et *Achillī*, *Ulixī*.

(1) A est même quelquefois long dans les nominatifs féminins, tels que *Argiā*, *Nemeā*.
(2) Remarquons qu'ici, à la différence du grec, les deux voyelles ne se fondent pas en une diphtongue.

CHAPITRE IV

PRONOMS ET ADJECTIFS DÉMONSTRATIFS, ADJECTIFS NUMÉRAUX

PRONOMS

§ **37.** *Ĕ* est long dans *mē*, *tē*, *sē* (primitivement *mcd*, *ted, sed*), accusatif et ablatif.

> Ex. : Tē, veniente die, tē decedente canebat.　　　V.

O est long dans *nōs*, *vōs* (νώ, σφώ), *nōbis*, *vōbis*.

> Ex. : . . . . deus nōbis hæc otia fecit.　　　V.

ADJECTIFS DÉMONSTRATIFS , PRONOM RELATIF

§ **38.** *E* est bref dans *ipsĕ* (*is* et *pse* enclitique) (1).
I est commun dans *hĭc* (2).
Huīc (*huĭ-ce*) forme un monosyllabe long de même
que *cuī* (3).
Hōc (pour *hod-ce*) est toujours long.
I est long dans le masculin *īdem* (*is-dem*), et s'est
abrégé dans le neutre *ĭdem* (*id-dem*).

Pour les autres formes des pronoms, voir les règles générales et les règles des déclinaisons.

ADJECTIFS NUMÉRAUX

§ **39.** La finale est longue dans *trigintā*, *sexagintā* (4),
brève dans *millĕ*. Dans les adjectifs distributifs la pénultième est longue, *bīni*, *dēni*. *E* est long dans *vicēsimus* (*vicensimus*), *tricēsimus*, etc.

(1) V. au § 20 *illĕ*, *istĕ*, pour *illus, istus*.
(2) Ne pas confondre avec *hīc* adverbe.
(3) On trouve *cuĭ* dans Juvénal.
(4) Cependant cette finale a été abrégée par les poètes postérieurs au siècle d'Auguste. — V. pour *duŏ, ambŏ, octŏ,* § 19 et note.

2

CHAPITRE V

CONJUGAISONS

DÉSINENCES.

§ **40.** Sont brèves les désinences, *mŭs, tĭs, rĭs,* ex. *mitti-mŭs, tenea-tĭs, ama-rĭs, celebrabe-rĭs.*

La première syllabe est brève dans la désinence *mĭnī, progredi-mĭnī* (μενοι).

N. B. — Pour les autres désinences, v. les règles générales et le paragraphe suivant.

E FINAL.

§ **41.** *E* final dans les verbes est toujours bref (1) : *essĕ, amarĕ, legĕ, legitĕ, uterĕ,* excepté *monē.* V. § 43.

Ex. : Desinĕ fata deum flecti sperarĕ precando.   V.

VOYELLES DE LIAISON.

§ **42.** Dans le verbe *sum* et à la troisième conjugaison, les voyelles de liaison *u, i, e,* qui suivent la consonne finale ou l'*u* final du radical, sont brèves : *s-ŭ-mus, nol-ŭ-mus, er-ĭ-mus, leg-ĭ-s, leg-ĭ-mus, lu-ĭ-mus, leg-ĭ-te, vert-ĭ-tur, duc-ĭ-mur, leg-ĕ-re.*

Ex. : Vertĭtur interea cælum . . . .   V.

Il en est de même dans les futurs en *bo* et en *bor* : *amab-ĭ-mus, celebrab-ĕ-re.*

Exception. — A l'imparfait de l'indicatif, *e* est toujours long devant *bam, bar* : *leg-ē-bam, trah-ē-batur, audi-ē-bam.*

Ex. : Sic oculos, sic ille manus, sic ora ferēbat.   V.

(1) V. § 20.

FINALE DU RADICAL ET VOYELLES DE LIAISON CONTRACTÉES
DANS *amā-re, monē-re, audī-re.*

§ 43. La voyelle finale du radical est toujours longue dans *amā-re, monē-re, audī-re* (contraction pour
ama-ere, mone-ere, etc.) ; ainsi *amā-s, mone-s (ama-is,
mone-is), monē*(1), *amā-bo, monē-bo, audī-vi, audī-ris,* etc. (2).

Ex. : Tu vatem, tu, Diva, monē........   V.

Exception. — *A* est bref dans la conjugaison de *dăre,*
excepté dans les deux formes monosyllabiques *dās, dā.*

§ 44. A cette règle se rattachent quelques formes
où *i* est allongé, comme dans la conjugaison de *audīre* :

1° Les parfaits en *īvi* et les supins correspondants en
ītum des verbes, tels que *petere, quærere : petī-vi, petī-
tum, quæsī-vi, quæsī-tum ;.*

Ex. : Quæsīvit cælo lucem ingemuitque reperta.   V.

2° *Fīs, fīmus, vīs* (pour *vils*), (3) et ses composés
quivīs, quamvīs, ainsi que *nolī, nolīto.*

RÈGLES COMMUNES AU VERBE *sum* ET AUX VERBES
ATTRIBUTIFS.

RADICAUX DU VERBE *sum.*

§ 45. Sont brefs les deux radicaux du verbe *Sum,
ĕs* et *fŭ,* comme : *ĕs, ĕram, ĕro, fŭturus, fŏre ;* de même
dans les composés de *sum: prodĕs, potĕs, adĕram, adfŏre.*

Ex. : Si potĕs Archiacis conviva recumbere lectis.   Hor.

(1) *E* s'est abrégé quelquefois dans les impératifs de deux syllabes, dont
la première est brève : *căvĕ, vălĕ;* de même *a* dans *pută,* employé adver-
bialement.
Il faut remarquer les doubles infinitifs appartenant à des conjugaisons
différentes : *cluĕre* de *cluĕo,* et *cluĕre* de *cluo, is ; fervēre* et *fervĕre; fren-
dēre* et *frendĕre; fulgēre* et *fulgĕre; stridēre* et *stridĕre; tergēre* et *tergĕre.*
(2) *Orior* et *potior* suivent souvent la quantité de *legor,* sauf dans *orīri,
potīri, potītus.*
(3) De même *sīs* (pour *si vis*), *cavesīs, videsīs ; i* est abrégé dans *fort-
assis (forte an si vis).*

§ **46.** *E* est également bref dans *fu-ĕram, fu-ĕro, fu-ĕrim*, et dans tous les temps composés des verbes attributifs, *amav-ĕram, leg-ĕro, audiv-ĕrim.*

TEMPS ET MODES.

I dans *fu-ī, fu-ĭmus, mon-u-ī, mon-u-ĭ-mus.*

E dans *fu-ērunt, leg-ērunt*, etc.

§ **47.** Au parfait, *i*, long dans *fu-ī*, s'abrège dans *fu-ĭmus ;* de même *monu-ĭmus, ama-vĭmu-s*, etc.

    Ex. : Vidĭmus undantem ruptis fornacibus Ætnam.   V.

E est long à la troisième personne du pluriel, *fu-ē-runt, fu-ēre,* et de même *conspex-ērunt, incubu-ēre.*

    Ex. : Incubuēre mari . . . .   V.

Dans la forme en *erunt*, *e* a été quelquefois abrégé : *fuĕrunt, tulĕrunt, stetĕrunt.*

I dans *sīs, sīmus, possīs, velīs ;*

I dans *fuerĭs, legerĭs, dederĭtis*, etc.

§ **48.** 1° *I* est long dans les formes du présent du subjonctif, comme *sīs* (1), *sīmus, adsīs, possīs, velīs* (2).

    Ex. : Adsīs, o Tegæe favens. . . . .   V.

1° *I* est commun dans les formes du parfait du subjonctif et du futur antérieur, comme *fuerĭs, legerĭs, dederĭtis.*

    Ex. : . . . . At simul assis
        Miscuerīs elixa (3) . . . .   Hor.
    . . . . . . Tyriam qui advenerīs urbem.   V.

(1) *Sīm, sīs* pour *siem, sies.* Comparez ἰ(σ)ίην, ἰ(σ)ίης.
(2) De même *ausīs, faxīs.*
(3) Il faut remarquer que c'est à la première partie du pied que l'*i* reste généralement long.

A dans *erās, erāmus, amav-erās ;*
A dans *trahebās, trahebātur.*

§ 49. *A* est long à l'imparfait et au plus-que-parfait de l'indicatif : *erās, fuerās, amaverās ;* de même *trahebās, trahebātur.*

> Ex. : Ecce trahebātur passis Priameia virgo
> Crinibus. . . . .   V.

E dans *essēs, fuissēs, legerēs, legissēmus, legerētur.*

§ 50. *E*, caractéristique de l'imparfait et du plus-que-parfait du subjonctif, est long : *essēs, fuissēs, movissēs, peterēmus, peterētur, poterēmur.*

> Ex. : Tuque tuis armis, nos te poterēmur, Achille.   Ov.

To dans *estō, estōte, facitō, facitōte.*

§ 51. *To* est long à l'impératif: *estō* (1), *tranantō ;* de même *estōte, facitōte.*

> Ex. : Tranantō Tiberim, somno quibus est opus alto.   Hor.

Tu dans *futūrus, lectūrus, moritūrus.*

§ 52. *Tu*, caractéristique du participe futur, est long, comme *futūrus, lectūrus, moritūrus* (2).

> Ex. : Sic ait, ac densos fertur moritūrus in hostes.   V.

RÈGLES PARTICULIÈRES AUX VERBES ATTRIBUTIFS.

A et *E* dans *legās, legāris, amēs, amēris, legēs, legēris.*

§ 53. *A* et *E* sont longs au présent du subjonctif et au

---

(1) V. § 19, note.
(2) Même quantité dans les noms dérivés tels que *jactūra, pictūra.*

2.

futur, comme *legās, legāris, legēs, legĕris, amēs, amētur, moriāmur*.

> Ex. : . . . . moriĕmur inultæ!
> Sed moriāmur, ait. . . . . V.

RADICAUX DES PARFAITS (I).

Parfaits à redoublement.

§ 54. Le redoublement du parfait est bref: *pŭpugi, tĕ-tigi, tĕ-tigeram,* de même *dĕ-di, stĕ-ti* et leurs composés *perdĭ-di, constĭ-ti,* etc., et *bĭ-bi,* déjà redoublé au présent.

La syllabe du radical verbal qui suit le redoublement est brève également: *cecĭni, tetĭgi, pepŭli, cecĭdi* de *cădo.*

> Ex. : Et veterem in limo ranæ cĕcĭnere querelam. V.

Exception : *cecīdi* de *cædo.*

Malgré la perte du redoublement, le radical reste bref :

1° dans *fīdi, scĭdi, tŭli* (2).

2° dans les composés : *contĭgi, impŭli, percŭli* (dont le simple est inusité).

Parfaits sans redoublement :

1° *de deux syllabes.*

§ 55. Les parfaits de deux syllabes sans redoublement, subissant à l'intérieur une sorte de contraction, allongent la voyelle du radical :

Fŭgio, parf. *fūgi* pour *fĕfŭgi, fĕŭgi; vĕnio,* parf. *vēni* pour *vĕvĕni;* de même *diffūgi, convēni.*

> Ex. : Terra tremit, fūgere feræ. . . . . . . V.

---

(1) Toutes ces règles s'appliquent également au plus-que-parfait.
(2) Formes archaïques : *scīcidi, tĕtŭli.*

2° *de plusieurs syllabes.*

§ 56. Les autres parfaits sans redoublement gardent la quantité du radical : *hăbeo, hăbui, inhĭbui; cŏlo, cŏlui, incŏlui.* Le radical altéré dans *pōno* (pour *pŏ-sino, posno*), *gigno* (pour *gi-gĕno*) reparaît avec sa quantité propre dans *pŏsui, pŏsitum, gĕnui, gĕnitum;* de même *pŏt-ui* (présent *possum* pour *pŏte-sum*).

Il faut excepter *divīsi* (pour *divid-si*), radical *divĭd(o).*

RADICAUX DES SUPINS.

REMARQUE. — Les règles suivantes s'appliquent également aux participes en *urus* et en *us* (1).

Supins formés sans voyelle de liaison.

§ 57. Généralement les verbes allongent la voyelle finale de leur radical devant le suffixe du supin : *vĭd-eo, vī-sum, vī-sus; mŏv-eo, mō-tum; mō-tus; imbŭ-o, imbū-tum, imbū-tus.* V. pour les supins en *itum,* § 59.

Ex.: Quos ego... sed mōtos præstat componere fluctus.   V.

§ 58. Cependant la voyelle du radical reste brève dans les supins suivants et leurs dérivés ou composés :

Dătum de do...... composés, *perdĭtus, credĭtus,* etc.;
Răsum de reor.... *irrĭtus;*
Sătum de sero..... *consĭtus;*
Stătum de sisto (2) . *constĭtum;*
Dirŭtum, erŭtum et autres composés de l'inusité *rŭtum.*

Supins en itum.

§ 59. Les supins en *itum* ont deux quantités différentes.

1° *ītum,* dans les verbes cités aux §§ 43 et 44 1°; qui font le parfait en *ivi.*

Ex.: .... potiere petītis..   O.

(1) Elles s'appliquent aussi aux substantifs formés avec le même suffixe que les supins, comme *visus, status.*
(2) *Stătum* de *sto* donne *constātūrus.*

2° *itum*, dans tous les autres verbes(1), *i* n'étant plus qu'une simple voyelle de liaison brève(2), comme *mon-ui, mon-ĭ-tum, mon-ĭ-turus; vet-ui, vet-ĭ-tus*.

'Ex. Discite justitiam monĭti et non temnere divos.   V.

Exceptions. — Les verbes suivants qui ont le parfait en *ivi* ont cependant *i* bref au supin en *itum :*

Cĭtum de *cieo*, d'où *percĭtus* (3) ; *ĭtum* de *eo*, d'où *præte-rĭtus* (4) ; *lĭtum* de *lĭno*, d'où *illĭtus, oblĭtus ; sĭtum* de *sino*, d'où *desĭtum*.

§ 60. Dans les participes futurs en *iturus* des verbes qui n'ont point de supin, *i*, voyelle de liaison, est bref, *mor-ĭ-turus, dol-ĭ-turus*.

Pour l'infinitif passif, voir les règles générales §, 17 2°,

CHAPITRE VI

DES MOTS INVARIABLES.

———

FORMES ADVERBIALES CLASSÉES DANS LES DÉCLINAISONS.

§ 61. Les formes adverbiales empruntées aux noms, adjectifs ou pronoms, suivent les règles de quantité particulières à chaque déclinaison.

(1) La seule exception est *recensĭtum* de *recenseo, ui*.
(2) Cependant dans *agnĭtum, cognĭtum, i* représente la voyelle du radical affaiblie.
(3) Il ne faut pas confondre *cĭtus* et ses composés avec *cītus* de *cio*.
(4) *Ambire* fait *ambĭtum* (présent, *ambio*): mais *i* est bref dans le substantif *ambĭtus*.

Ainsi, d'après les règles de la *première* et de la *deuxième* déclinaison, sont longs :

Le génitif du singulier : *aliās* ;

L'accusatif du pluriel : *forās* ;

Les datifs archaïques du singulier : *hūc, illūc*, pour *hōc, illōc* ;

Les ablatifs du singulier :

1° en *a* : *rectā, intereā, posteā, extrā, suprā, ultrā ;*

2° en *o* : *continuō, quō, quandō* (1) *;*

3° en *e* (ancienne désinence d'ablatif) : *docte, œgre* et tous les adverbes dérivés d'adjectifs en *us* et en *er*. Il faut y ajouter *ferē* et *fermē ;*

Exceptions. — *E* s'est abrégé dans *benĕ, malĕ, infernĕ, supernĕ, ponĕ* (pour *post-ne*), et *temerĕ.*

Les ablatifs du pluriel : *gratīs, forīs.*

D'après les règles de la *troisième* déclinaison, sont brefs :

Les accusatifs neutres : du singulier, *facilĕ, impunĕ, propĕ, sæpĕ, quĭdem* (comme *ĭdem*), *magĭs* (pour *magius*), et par analogie *satĭs, nimĭs ;* du pluriel, *quiă;*

Les ablatifs du singulier : *antĕ, fortĕ, manĕ, ritĕ, spontĕ.*

Sont longs les locatifs : *hīc, illīc, postrī-die, quotī-die* (ou *cottīdie*) et de même les composés de *sī* (2) et de *quī : sīc, sīn, quīn.*

(1) *Quō* s'est abrégé dans *quŏque* ; *quandō*, dans *quandŏquidem ;* de même *hōc* dans *hŏdie.* Voir sur *modŏ, citŏ* et d'autres finales en *o* abrégées le § 19 et la note.

(2) *Sī* s'abrège dans *quăsi* (*quam-si*), et dans *siquĭdem ;* *nĭ* et *sĭ* dans *nĭsi*

FORMES ADVERBIALES NON CLASSÉES DANS LES DÉCLINAISONS.

Des monosyllabes.

Monosyllabes terminés par une voyelle.

§ 62. Les mots enclitiques *quĕ, vĕ, cĕ, tĕ, pĕ, psĕ, ptĕ, nĕ* interrogatif, sont brefs, comme dans *eccĕ, quippĕ, nempĕ, nonnĕ.*

Les autres monosyllabes terminés par une voyelle, sont longs : *ā, ē, dē, nē* négatif; de même en composition *āmitto, ēduco, dēfero.* Cependant *ne* négatif, dans ses composés, est tantôt bref, *nĕque* (d'où *dēnĭque*), *sĭnē* (*sē-nē*), *nĕqueo, nĕfas*; tantôt long, *nēquam, nēquicquam, nēdum.*

Monosyllabes terminés par une consonne.

§ 63. Les monosyllabes terminés par une consonne sont brefs, *ŭt, nĕc, bĭs*, etc.

Il faut excepter *ēn, nōn* (1), *crās, cūr.*

Quantité des finales dans les autres mots invariables.

A final.

§ 64. *A* final est bref dans *ită, eiă.*

E final.

E final est bref, 1° dans *pænĕ*, 2° dans *indĕ, undĕ* et leurs composés.

ES final.

Ĕs est bref dans *penĕs*, et long dans *totiēs* (*totiens*), *deciēs, viciēs* (2).

US final.

Ŭs final est bref dans les formes telles que *tenŭs, adversŭs, funditŭs, radicitŭs.*

(1) *Non* est pour *nœnum* (*ne unum*).
(2) D'où *vicēsimus* (*vicensimus*).

CHAPITRE VII

MOTS COMPOSÉS ET DÉRIVÉS.

MOTS COMPOSÉS

§ 65. Les mots composés gardent généralement la quantité des mots simples dont ils sont formés.

La quantité n'est altérée en rien par les substitutions de voyelles.

Ex. : *cum-pŏtĕ* fait *com-pŏtis (compŏs)*.
præ-cŏq(uere) — *præ-cŏc-is*.
dē-făcis — *dē-ficis*, etc.
in-æquus — *in-īquus*.
ămīcus — *in-ĭmīcus*.
rēmum-ăgo — *rem-ĭgis, rem-ĭgare*.

Exceptions. Le second membre est abrégé dans un certain nombre de composés: *agnĭtum, cognĭtum* (de *nōtum*); *dejĕro, pejĕro* (de *jūro*); *nihĭlum* (de *ne-hīlum*) ; *conŭbium, innŭba, pronŭba* (de *nubo*); *causidĭcus, maledĭcus* (de *dīco*)(1).

Comme exemples d'abréviation du premier membre, nous avons déjà vu *nĕfas, sĭquidem*, etc. ; il faut y ajouter *ubĭcumque, ubĭnam, ubĭvis, (ubĭ)* (2) ; *utĭnam, utĭque, (utī)*; *ăperio, ŏperio* pour *ābperio, ōbperio; ŏmitto* pour *ŏbmitto*, et un certain nombre de composés de *pro*. V. § 67.

REMARQUE. — Dans les composés de *facio*, *e* final du premier membre est généralement long après une syllabe longue *expergēfacio*, bref après une brève, *lăbĕfacio*.

§ 66. *I* final du premier membre (nom ou adjectif

(1) V. le chapitre de *l'accentuation*.
(2) *I* est long dans *ubīque*, comme dans *ibīdem*.

réuni le plus souvent à un radical verbal), est bref: *sacrĭ-ficium* (*sacrŭ-ficium*), *ru-rĭ-cola*, *artĭ-fex*, *silvĭ-cola*, *lanĭ-ger* (1).

Ce même *i* est bref dans les mots dérivés : *altĭ-tudo*, *onĭ-tas*, *amicĭ-tia*, *avarĭ-tia*, *aurĭ-cula* (2), *fundĭ-tus*, *radicĭ-tus*, *fortĭ-ter*.

E est également bref dans les mots tels que *piĕ-tas*, *ebriĕ-tas*.

N. B. — Il ne faut pas confondre les mots composés tels que *agricola*, avec les mots juxtaposés tels que *verī-similis*.

PRÉFIXES INSÉPARABLES.

§ **67.** 1° Sont longs les préfixes :

Sēd (3), *sē*, ex.: *sēd-itio*, *sē-paro*, *sē-jungo ;*

Vē, ex.: *vē-sanus*, *vē-cors ;*

Dī (pour *dĭs*): *dī-latum*, *dī-mico; dis* bref reparaît dans *dĭsertus*, *dĭr-imo* (pour *dis-emo*) ;

Prī, dans *prī-mus*, *prī-dem*, *prī-die;*

Trā (*trans*), ex. : *trā-duco ;*

Prōd ou *prō: prōd-ire*, *prōd-esse*, *prō-cumbo*, *prō-duco;*

Exceptions. Pro est commun dans *prŏcuro*, *prŏpago* (verbe), *prŏpino ;* bref dans *prŏcella*, *prŏfanus*, *prŏfari*, *prŏfecto*, *prŏfestus*, *prŏficiscōr*, *prŏfiteor*, *prŏfugus*, *prŏ-fundo*, *prŏfundus*, *prŏnepos*, *prŏpago* (dans le sens de race), *prŏtervus.*

2° Est bref le préfixe :

Rĕd ou *rĕ*, ex. : *rĕd-eo*, *rĕd-igo*, *rĕ-mitto*, *rĕ-viso.*

Exceptions. Re est commun dans plusieurs mots où il est suivi de deux consonnes, dont la seconde est une liquide : *rĕcludo*, *rĕpleo*, et dans les mots tels que *rĕliquiæ*, *rĕligio*, *rĕduco*, *rĕperi*, où la consonne était quelquefois redoublée (*relliquiæ*, *relligio*) (4).

(1) *Tibī-cen* est pour *tibii-cen*, *merī-dies* pour *medii-dies.*
(2) Il faut excepter *canīcula* et *cutīcula.*
(3) La même forme est brève dans la conjonction *sĕd.*
(4) Dans l'impersonnel *rēfert*, *rē* est l'ablatif de *res.*

·Ont la dernière brève :

Semĭ, sesquĭ: Ex. *semĭ-rutus, sesquĭ-pedalia.*

MOTS DÉRIVÉS.

§ 68. Les dérivés gardent généralement la quantité de leur primitif.

Ex. *mātĕr,*   *mātĕrnus;*

       pătĕr,   *pătĕrnus;*

       lĭber,   *lĭbĕrtus;*

       prætōris,   *prætōrius;*

       marmŏris,   *marmŏreus ;*

       consŭlis,   *consŭlaris;*

       genĕris,   *genĕrare;*

       germĭnis,   *germĭnare.*

§ 69. Les mots dérivés des verbes suivent généralement la quantité du supin : *arā-tum, arā-tor; consuē-tum, consuē-tudo; gen-ĭ-tum, gen-ĭ-tor; quæsī-tum, quæsī-tor; volū-tum,* de *volvo (volu-o), volū-bilis.*

REMARQUE. — Dans *doc-ŭ-mentum, mon-i-mentum,* i et u sont brefs comme voyelles de liaison, le radical verbal se terminant par une consonne : *doc-tum, mon-i-tum.* V. § 59 2°.

§ 70. La voyelle primitive, restée brève dans certains mots, est renforcée par allongement dans d'autres mots tirés de la même racine.

Ex.:   *ăcus, ăcerbus,*   *ācer;*

       dŭcis,   *dūco (douco);*

       fĭdes, perfĭdus,   *fīdo, fīdus* et *infīdus (feido);*

       lĕgo, rĕgo, tĕgo,   *lēgis, rēgis, tēgula ;*

       plăceo   *plāco;*

       sĕdeo,   *sēdes ;*

       sŏnus,   *persōna ;*

       sŏpor,   *sōpio ;*

       suspĭcio (verbe),   *suspīcio* (subst.) ;

       vŏco,   *vōcis.*

QUANTITÉ DES PRINCIPAUX SUFFIXES.

§ 71. Sont généralement brefs les suffixes suivants:

En *I.* — timus, simus, et les autres suffixes du superlatif, *op-tĭmus, doctis-sĭmus,* etc.;

idus, *calĭdus, frigĭdus;*

icus, *rustĭcus;*

Sauf *amīcus, antīcus, aprīcus, lumbrīcus, mendī-
cus, postīcus, pudīcus* et *umbilīcus;*

ilis, *facĭlis, amabĭlis;*

Sauf les adjectifs dérivés de substantifs, *herī-
lis, servīlis, sub-tīlis, (sub-tēla)*; cependant
humĭlis (dérivé de *humus*).

En *O* et *U*. olus et ᷇ulus, *parvŭlus, · luteŏlus, specta-
cŭlum.*

§ 72. Et de même dans les verbes.

ulo, *pullŭlo;*

ico, *vellĭco;*

ito des fréquentatifs, *agĭto* (1) ;

urio des désidératifs, *esŭrio,* sauf *ligūrio.*

§ 73. Sont longs les suffixes suivants :

En *A.*— aceus, anus, arius (2) , *herbāceus, urbānus,
rosārium;*

alis, aris, *capitālis, vulgāris* (3) ;

atus, *consulātus, magistrātus.*

En *E.*— elis, *crudēlis.*

En *I.* — inus, *divīnus, medicīna.* Il faut excepter *cras-
tĭnus, pristĭnus, adamantĭnus* et quelques
autres formes ;

ivus, *festīvus, captīvus.*

En *O.*— ona, onius, *matrōna, Favōnius, querimōnia;*

orus, *canōrus, sonōrus;*

osus (primitivement *onsus*), *formōsus.*

---

(1) Dans *dormīto,* dérivé de *dormio,* i appartenant au radical s'allonge
devant *to,* comme *nu* dans *nū–to.* Même observation pour *nutrī–co.*

(2) Il est inutile de donner ici les trois genres.

(3) La quantité est la même dans les adjectifs pris substantivement: gén.
animālis, calcāris; nominatif abrégé : *animăl, calcăr.* V. §§ 18 et 21.

En *U.*— ucus, *cadŭcus, lactūca.*

En ela, etum, ile, *tutēla, vinētum, cubĭle.*

En ago, edo, ido, igo, udo, *farrăgo, dulcēdo, cupĭdo, orīgo, consuetūdo.*

CHAPITRE VIII

DE L'ACCENTUATION

§ 74. Dans chaque mot une syllabe déterminée doit se prononcer avec plus de force que les autres ; c'est cette élévation de la voix qu'on appelle *accent tonique.*

En latin, l'accent tonique se trouve généralement sur l'avant-dernière syllabe, ou sur l'antépénultième (1). Lorsque l'avant-dernière est longue, elle porte l'accent, comme dans *virtŭtes, amábant.* Si l'avant-dernière est brève, l'accent des mots de plus de deux syllabes se recule sur l'antépénultième, *tégmina, fastidium, imitábere.*

On dit alors que la syllabe accentuée a l'accent *aigu,* et la syllabe non accentuée l'accent *grave.* L'accent *circonflexe* se met sur les monosyllabes longs par nature, ainsi que sur les pénultièmes longues par nature et suivies d'une brève, *canôrus.*

Les mots composés n'ont qu'un seul accent comme les mots simples : *agricola.*

§ 75. Jamais l'accent n'est sur la dernière ; les exceptions ne sont qu'apparentes, comme dans les mots où une syllabe a disparu par syncope ou apocope. Ex. : *nostrás, vestrás* (pour *nostratis, vestratis*); *addŭc, benedic* (pour *adduce, benedice*); *vidén* (pour *videsne*), etc. Ce n'est que par une apparente exception également que certains mots ont la pénultième accentuée, quoique brève, comme le génitif *tugŭri,* le vocatif *Virgili,* etc.

(1). Dans le dialecte éolien également, l'accent était reculé autant que possible : ἔγω pour ἐγώ, πόταμος pour ποταμός.

Les mots empruntés au grec gardent, en général, leur accent primitif. Quant aux monosyllabes, ils ont l'accent aigu ou circonflexe, suivant qu'ils sont brefs ou longs par nature.

Enclitiques.

§ **76.** Quelques mots n'ont pas d'accent et font corps avec le mot précédent. Ce sont les enclitiques : *que, ve, ne* (interrogatif), *quis*, dans le sens de *aliquis*, après *si, ne, num*.

L'accent du mot qui précède l'enclitique est attiré sur la dernière syllabe : Ex. *mágnus, magnúsque; hóminum, hominúmque.*

Est était enclitique; de la perte de l'accent, il résultait que l'*e* après une voyelle ou *m* finale, disparaissait dans la prononciation et souvent même dans l'écriture.

Ex. Semiputata tibi frondosa vitis in ulmost.   Virg.

Proclitiques

§ **77.** D'autres mots d'une et même de deux syllabes sont proclitiques, c'est-à-dire qu'ils se prononcent avec les mots suivants. Telles sont les prépositions *per, ab, inter, circum, propter*, etc., à moins qu'elles ne soient pas à leur place grammaticale, et les conjonctions en tête des propositions coordonnées ou subordonnées : *et, aut, ut, ne, si, verum*, etc. Tels sont encore les adjectifs conjonctifs *qui, quis, qualis, quantus, quot*, qui s'accentuent, au contraire, lorsqu'ils sont interrogatifs.

Altération des mots et de la quantité par l'influence de l'accent.

§ 78. Les syllabes qui précèdent ou qui suivent la syllabe accentuée subissent des altérations profondes :

1° Des syncopes (1), telles que *disciplína* pour *discipulína*, *stipéndium* pour *stipipéndium*, *válde* pour *válide*, *maníplus* pour *manípulus*, ou des apocopes telles que *púer* pour *púerus;*

2° Des abréviations, telles que *nă-táre* de *nâre*, *péjĕro* de *júro*, *módŏ* pour *módō*, *hĕrĕ* pour *hĕrī.*

Dans la dernière période de décadence de la langue latine, l'accent devint prépondérant, et remplaça la quantité dans les vers.

(1) Des syncopes violentes, telles que *amassem* pour *amavissem*, *balneum* pour *balineum*, semblent indiquer qu'à l'origine l'accent tonique pouvait précéder la pénultième longue ou l'antépénultième.

CHAPITRE IX

HOMONYMES DISTINGUÉS PAR LA QUANTITÉ

§ **79.** Un certain nombre de mots latins homonymes se distinguent entre eux par la quantité. Voici la liste des principaux :

A. — 1. ăcer . . . . Érable ;
2. ācer . . . . Vif.

C. — 1. Cănet . . . . De *căno*, chanter ;
2. Cānet . . . . De *căneo*, être blanc.
1. Cănĭs, cănum . Chien ;
2. Cănĭs . . . . De *căno* ;
3. Cānīs, cānum .. De *cānus*, blanc.
1. Cărēre . . . . . . Manquer ;
2. Cārĕrc . . . . . . Garder.
1 Cărŏ . . . . Chair ;
2. Cārō . . . . Dat. et abl. de *cārus*, cher.
1. Cecĭdi, concĭ-
di, etc . . . . De *cădo*, tomber ;
2. Cecīdi, concī-
di, etc . . . . De *cædo*, couper.
1. Cĕdŏ . . . . Impératif, donne, dis ;
2. Cēdŏ . . . . Ind. présent, je me retire.
1. Cĭtus . . . . Et ses composés, de *cieo*, exciter ;
2. Cītus . . . . Et ses composés, de *cio*, appeler.
1. Cŏlo, is . . . . . . Cultiver :
2. Cōlo, as . . . . . . Filtrer.

1. *Cŏmĕs*.......	Compagnon ;
2. *Cōmēs*......	Pluriel de *cōmis*, affable ;
3. *Cōmēs*.......	Fut., 2ᵉpers.de *cōmo*, coiffer ;
1. *Cupĭdo*......	Dat. s. de *cupĭdus*, désireux ;
2. *Cupīdo*.	Désir.

D. — 1. *Decŏrĭs*...... Gén. de *decus*, honneur ;
2. *Decŏrĭs*...... Gén. de *decor*, beauté ; .
3. *Decōrĭs*...... Dat., abl., pluriel de *decōrus*, beau.

1. *Dĕdĕre*...... Parfait de *dăre*, donner ;
2. *Dēdĕre*...... Infinitif de *dēdo*, livrer.
1. *Dĭcant*..... Ind. de *dĭcare*, dédier ;
2. *Dīcant*...... Subj. prés. de *dīcere*, dire.

E. — 1. *ĕdere*....... Manger ;
2. *ēdere*........ Produire.
1. *Edŭcat*...... Ind. de *edŭcare*, élever ;
2. *Edūcat*...... Subj. de *edūcere*, faire sortir.
1. *ĕgĕre*........ Infinitif de *egeo*, manquer ;
2. *ēgĕre*........ Impératif de *ēgĕro*, rejeter ;
3. *ēgēre*........ Parfait de *ago*.
1. *ĕs*........... 2ᵉ personne du verbe *sum* ;
2. *ēs* (pour *ed-s*). 2ᵉ pers. de *edere*, manger.

F. — 1. *Făbula*...... Diminutif de *făba*, fève ;
2. *Fābula*...... Pièce, fable.
1. *Fĭdĕ*........ Ablatif de *fĭdis*, lyre ;
2. *Fĭdĕ*........ Abl. de *fides*, bonne foi ;
3. *Fīdĕ*........ Impér. de *fido*, se fier.
1. *Fĭdit, diffĭdit.* Parf. de *findo* et de *diffindo*, fendre ;
2. *Fīdit, diffīdit.* Prés. de *fido*, se fier, et de *diffido*, se défier ;
1. *Frĕtum*...... Détroit ;
2. *Frētum*...... Accusatif de *frētus*, confiant.

1. *Frigĕre* ..... Frire ;
2. *Frigēre* ...... Être froid.
1. *Fŭror* .... Subst. folie;
2. *Fūror* .... Verbe, commettre un vol.

L. — 1. *Lăbor* .... Subst., travail;
2. *Lābor* .... Verbe, glisser.
1. *Lătus* .... Substantif, côté ;
2. *Lātus* .... Partic. de *fero* ou adj. large.
1. *Lĕgat* .... Subj. de *lĕgo, is*, lire ;
2. *Lēgat* ..... . Ind. de *lēgo, as*, envoyer.
1. *Lepŏres* ..... De *lepus*, lièvre ;
2. *Lepōres* ..... De *lepos*, charme.
1. *Lĕvis* .... Léger ;
2. *Lēvis* .... Poli, brillant.
1. *Lĭber* .... Livre ;
2. *Līber* ...... Adj. libre, et subst. nom
    latin de Bacchus.
1. *Lŭtum* ...... Boue, d'où *lŭteus*, boueux ;
2. *Lūtum* ...... Espèce d'herbe, d'où *lūteus*,
    jaune.

M. — 1. *Mălæ* .... De *mălus*, mauvais ;
2. *Mālæ* .... Joues.
1. *Mălum* ...... Mal ;
2. *Mālum* ..... Pomme.
1. *Mălus* .... Mauvais ;
2. *Mālus* .... Masc., mât;
3. *Mālus* .... Fém., pommier.
1. *Mănĕ* .... Adv., le matin ;
2. *Mānē* .... Impératif de *mănēre*, rester.
1. *Mānet* .. .... Ind. de *măneo*, rester;
2. *Mānet* .... Subj. de *māno*, couler.
1. *Mŏratus* ..... Dérivé de *mŏra*, retard ;
2. *Mōratus* ..... Dérivé de *mōres*, mœurs.

N. — 1. *Nĕ* .... Particule interrogative;
     2. *Nĕ* .... Particule négative.
     1. *Nĭtēre* .... De *nĭteo*, briller ;
     2. *Nĭtēre* .... De *nĭtor*, s'efforcer.
     1. *Nŏvi* .... Gén. de *nŏvus*, nouveau ;
     2. *Nōvi* .... Parfait de *nosco*, connaître.
     1. *Nŏtă* .... Subst., marque ;
     2. *Nōtă* .... Fém. du part. *notus*, connu ;
     3. *Nŏtā* .... Imp. de *nŏto*.

O. — 1. *Oblĭtus* ...... De *oblĭno*, frotter ;
     2. *Oblītus* ...... De *oblīviscor*, oublier.
     1. *ŏs, ossĭs* ...... L'os ;
     2. *ōs, ōris* ...... La bouche.

P. — 1. *Pălūs* .... Marais ;
     2. *Pālūs* .... Poteau.
     1. *Parcĕ* .... Impér. de *parco*, épargner :
     2. *Parcē* .... Adverbe, avec économie.
     1. *Păret* .... Subj. de *păro*, préparer ;
     2. *Pāret* ..... . Ind. prés. de *pāreo*, obéir.
     1. *Părĕre* ...... Enfanter ;
     2. *Pārēre* ..... Obéir.
     1. *Pedĕs* .... Piéton ;
     2. *Pedēs* .... Plur. de *pes*.
     1. *Pendĕre* ..... Peser ;
     2. *Pendēre* ..... Être suspendu.
     1. *Pĭla* .... F. sing., balle à jouer;
     2. *Pīla* .... F. sing., colonne ;
     3. *Pĭla* .... Pluriel de *pĭlum*, javelot.
     1. *Plăga* ..... . Région, au pl. filets;
     2. *Plāga.* ..... Coup.
     1. *Pŏpulus* ..... Masc., peuple ;
     2. *Pōpulus* ..... Fém., peuplier.

1. *Pŏtĕs* .... De *possum* ;
2. *Pōtēs* .... Subj. de *pōtare*, boire.
1. *Prŏfectus* .... De *prŏficiscor*, partir ;
2. *Prōfectus* ... Subst. progrès.

R. — 1. *Rĕfert* ...... De *rĕfero*, rapporter ;
2. *Rēfert* .... Il importe (*rē*, abl. de *res*).

S. — 1. *Sĕcurĭs,sĕcuri*. Subst. hache ;
2. *Sēcurīs,sēcuri*. De l'adj. *securus*, en sécurité
1. *Sĕdes* .... De *sĕdeo*, s'asseoir ;
2. *Sēdĕs* .... Subst., siège.
1. *Sĕro* .... Semer ou entrelacer ;
2. *Sēro* .... Tard.

T. — 1. *Tĕgĕs* .... Natte ;
2. *Tĕgēs* .... Futur de *tĕgo*.

U. — 1. *ŭti* .... Même conjonction que *ut* ;
2. *ūti* .... Infinitif de *ūtor*, se servir.

V. — 1. *Vĕlis* .... Subj. de *volo*, vouloir ;
2. *Vēlis* .... De *vēlum*, voile.
1. *Vĕnit* .... Présent de *vĕnio*.
2. *Vēnit* .... Présent de *vēneo*, être ven-
du, pour *vēnumeo*, et par-
fait de *venio*, venir ;

1. *Vĭres* .... De *vĭreo*, être vert, vigoureux ;
2. *Vīres* .... Forces.

3.

MÉTRIQUE

CHAPITRE PREMIER

DÉFINITIONS ET RÈGLES GÉNÉRALES

§ 1. PIEDS, MÈTRES, VERS : ARSIS ET THÉSIS.

La *métrique* a pour objet les règles relatives à la construction des vers.

Les poètes latins ont emprunté à la Grèce les vers dont ils se sont servis ; ils les ont modifiés seulement dans quelques détails ; les combinaisons mêmes qu'ils ont imaginées sont des imitations (1).

Le vers latin se compose d'un certain nombre de *pieds* que les grammairiens ont classés de la manière suivante :

1° *Quatre pieds de 2 syllabes.*

⏑⏑ pyrrhique .... *dĕă*.
–⏑ trochée ou chorée .... *dīvă*.
⏑– iambe...... .... *dĕōs*.
–– spondée................... *dīvōs*.

(1) Nous ne parlons pas, bien entendu, de l'antique vers *saturnin*, qui disparut promptement, lorsque Livius eut introduit les vers des poètes dramatiques grecs, et Ennius, l'hexamètre d'Homère.

2° *Huit pieds de 3 syllabes.*

‿‿‿ tribraque.................... *pĕtĕrĕ.*

‑‿‿ dactyle...................... *trădĕrĕ.*

‿‿‑ anapeste.................... *rĕdĕŭnt.*

‿‑‿ amphibraque .... *rĕvīsŭ.*

‿‑‑ bacchius .... *rĕvīsunt.*

‑‑‿ antibacchius .... *spēctārĕ.*

‑‿‑ crétique ou amphimacre..... *trānsfĕrŭnt.*

‑‑‑ molosse .... *vīdērŭnt.*

3° *Seize pieds de 4 syllabes.*

‿‿‿ proceleusma................ *rĕpĕtĕrĕ.*

‿‿‿ pœon I.................... *pērcĭpĕrĕ.*

‿‑‿‿ — II..................... *rĕcŭmbĕrĕ.*

‿‿‑‿ — III.................... *rĕcrĕārĕ.*

‿‿‿‑ — IV.................... *rĕfĭcĭŭnt.*

‑‿‿‿ ionique majeur .... *īncŭmbĕrĕ.*

‿‿‑‑ — mineur............... *rĕpĕtēbānt.*

‑‿‿‑ choriambe. . ... *măgnănĭmĭs.*

‿‑‑‿ antispaste .... *pĕtīvĕrĕ.*

‑‿‿‿ ditrochée.................. *mălŭĕrĕ.*

‿‑‿‑ diiambe.................... *rĕdūxĕrānt.*

‿‑‑‑ épitrite I.... .... *rĕdūcēbānt.*

‑‿‑‑ — II.................. *dīrĭgēbānt.*

‑‑‿‑ — III............... .. *dīrēxĕrānt.*

‑‑‑‿ — IV................ *dīrēxĕrĕ.*

‑‑‑‑ dispondée .... *dīrēxērūnt.*

Les pieds les plus usités dans les vers latins sont le
dactyle, le *spondée*, l'*iambe*, le *trochée*, l'*anapeste*, le *crétique*, le *choriambe*.

Quelques grammairiens ont donné aussi des noms aux trente-deux
combinaisons de cinq syllabes, et classé les soixante-quatre combi-

naisons de six syllabes. Cicéron, dans un passage (*Orator*, 64) où il
donne des préceptes relatifs au nombre oratoire, énumère les pieds
qui terminent le mieux la période. Il conseille de préférer comme
avant-dernier pied l'iambe, le tribraque, le dactyle, et de mettre à la
fin le spondée, le pœon, surtout le crétique et le pied de cinq syllabes appelé *dochmius* (ex. : *amīcōs tĕnēs*).

Chaque pied se divise en deux parties : la partie
forte ou *arsis*, la partie faible ou *thésis* (1). C'est sur l'arsis que tombe l'*accent métrique* ou *ictus*. Dans les
pieds ordinaires, dactyle, spondée, trochée, iambe,
l'arsis est toujours formée par une syllabe longue, ou par
deux brèves, considérées comme l'équivalent d'une
longue.

Dans le trochée, le spondée, le dactyle, l'arsis est
la première syllabe ; c'est au contraire la dernière dans
l'iambe et l'anapeste.

L'accent *métrique* tantôt est confondu avec l'accent *tonique*, tantôt
en est distinct. Dans l'exemple suivant, nous marquons du signe '
l'accent métrique, et nous écrivons en *italiques* les syllabes qui
ont l'accent tonique :

Silvestrém tenuí musâm 'meditáris avéna.

Au point de vue du temps, on considère la brève comme l'unité
(*mora*); la longue équivaut à deux brèves, en sorte que le rapport
de l'arsis à la thésis est variable : dans le dactyle, le spondée, l'ana-
peste, il est $\frac{2}{2}$; dans l'iambe, il est $\frac{1}{2}$; dans le trochée, $\frac{2}{2}$. La succes-
sion régulière des temps mesurés constitue le *rythme*. Un vers est
une phrase ou portion de phrase rythmée dans laquelle des règles
déterminent le nombre et l'agencement des éléments constitutifs.

La réunion de deux pieds, iambes, trochées ou anapestes, forme un *mètre ;* quelquefois les deux termes
de *pied* et de *mètre* se confondent : ainsi l'*hexamètre* a
six pieds ou *six mètres ;* le *pentamètre* a *cinq pieds* ou
cinq mètres. Le mot *mètre* s'emploie encore pour désigner tout assemblage régulier d'un nombre déterminé
de pieds, formant un vers ou même un groupe de
vers (*système* ou *strophe*).

(1) Ἄρσις lever, θέσις baisser (du pied). Les Grecs donnaient à ces deux
mots un sens opposé : le premier désignait, pour eux, la partie faible, le
second la partie forte du pied.

§ 2. LIAISON DES PIEDS, CÉSURES.

Tout vers d'une certaine longueur est considéré comme composé primitivement de deux parties ou membres (κῶλα) ; on appelle *césure* le temps d'arrêt ou le repos à la fin du premier membre qui vient se relier au second au milieu d'un pied. Dans le vers suivant :

Multaque præterea | variarum monstra ferarum. V.

la finale de *præterea*, qui termine le premier membre, est unie par le rythme aux deux premières syllabes de *variarum*, qui commencent le second membre.

La césure a pour effet de rompre la cadence ordinaire de la prose, en portant l'accent métrique sur les syllabes finales privées d'accent tonique. La voix, en se relevant avant la césure, appelle la fin du pied, et c'est de là que résulte l'unité du vers.
Les règles varient suivant les espèces de vers. La césure n'a de place déterminée que dans ceux qui ont plus de quatre pieds.

Lorsque la *césure* tombe après une syllabe longue, elle est dite *forte* ou *masculine ;* après une brève, elle est *faible* ou *féminine.*

Dans le vers suivant :

Conscendit | furibundă | rogōs | ensemque | recludit,

la première et la troisième sont masculines, la deuxième et la quatrième sont féminines.

On distingue la *césure principale*, qui coupe le vers en deux, et les *césures accessoires ;* dans l'exemple précédent, la *césure principale* est après *rogos*.

La *césure principale*, ou simplement la *césure*, se

marque par un repos du sens plus ou moins prolongé,
par certaines licences métriques (1) et par certaines
dispositions symétriques des mots :

Tu mihi cura, Phaon **|** ; *te* somnia nostra reducunt. O.
Terrarum *dominos* **|** evehit ad *deos.*   H.
Impia in *adversos* **|** solvimus ora *deos.*   Tib.

Le repos du sens s'appelle *diérèse* (διαίρεσις), s'il suit
un mot qui se termine avec le pied :

. . . . .Ibi omnis,
Effusus labor, **|** atque immitis rupta tyranni
Fœdera.   V.

L'usage simultané de la *césure masculine*, de la *césure
féminine* et de la *diérèse*, permet de varier singulière-
ment la cadence et les coupes.

(Voir plus loin, césures et coupes de l'hexamètre).

Allongements devant la césure.

On trouve par exception : 1° une voyelle finale, surtout celle de l'enclitique *quĕ*, allongée devant une
consonne simple ; 2° une syllabe finale que termine une
consonne allongée devant une voyelle.

Ex. :   Lappæquē tribulique . . . . V.
        Pectoribūs inhians. . . . . V.

Le second cas est plus fréquent que le premier ;
dans presque tous les exemples que l'on rencontre
l'allongement a lieu à l'arsis et surtout devant la césure principale.

(1) **V. plus loin,** *vers asynartètes.*

§ 3. — FINS DE VERS ET REJETS.

La fin du vers est une sorte de césure plus marquée
encore. Il est nécessaire que l'oreille soit avertie clai-
rement quand la mesure est terminée. En français,
par exemple, la fin du vers est indiquée par l'hiatus de
la voyelle finale, par la présence de la syllabe muette
et surtout par la rime. En latin, ce qui indique en général que le vers est terminé, c'est l'observation plus
rigoureuse de la mesure dans les derniers pieds, l'absence ou la rareté dans ces pieds des césures fortes et
des élisions, l'hiatus de la voyelle finale et la quantité
indifférente de la dernière syllabe.

Dans certains cas, le dernier pied est incomplet; il
est diminué d'une ou de deux syllabes. On appelle
ces vers *catalectiques in syllabam*, s'il ne subsiste qu'une
syllabe du premier pied; ou *catalectiques in duas syllabas*, s'il en subsiste deux. Les vers complets sont *aca-
talectiques* (ἀ privatif, et καταλήγειν, cesser, s'interrompre).

Le repos de la fin du vers n'est pas toujours le plus
marqué. Souvent la phrase se prolonge jusque dans
le vers suivant; les mots ainsi rejetés constituent les
rejets ou *enjambements*.

Les rejets constituent un des moyens les plus puissants
pour varier l'harmonie du vers, pour accommoder la
phrase ou la période poétique à la peinture des objets
et à l'expression des sentiments. Virgile excelle dans
cette partie de son art.

Les rejets sont usités dans toute espèce de mètres;
leur emploi dépend à la fois des règles particulières
aux vers et de l'art de chaque écrivain.

Voici quelques exemples :

Multa patri mandata dabat portanda ; sed auræ
Omnia discerpunt et nubibus irrita donant.
Egressi superant fossas noctisque per umbram
Castra inimica petunt, multis tamen ante futuri
Exitio.   V.

   Sperat infestis, metuit secundis
   Alteram sortem bene præparatum
   Pectus. Informes hiemes reducit
      Jupiter; idem

   Submovet. Non, si male nunc, et olim
   Sic erit : quondam cithara tacentem
   Suscitat musam, neque semper arcum
      Tendit Apollo.   H.

Tremuere terræ; fugit attonitum pecus
Passim per agros, nec suos pastor sequi
Meminit juvencos; omnis e saltu fera
Diffugit; omnis frigido exsanguis metu
Venator horret.   S.

CHAPITRE II

DIFFÉRENTES ESPÈCES DE VERS

---

§ 4. — VERS DACTYLIQUES, HEXAMÈTRES.

On distingue les vers entre eux d'après la nature
des pieds qui y dominent : vers *dactyliques, iambiques.
anapestiques, trochaïques,* etc., et par le nombre des
pieds ou des mètres : *hexamètres, trimètres, dimètres,* etc.
Ils sont désignés souvent par les noms des poètes aux-
quels on en attribue l'invention : *saphiques, alcaïques,* etc.

Parmi les vers dactyliques, le plus usité est le vers
dactylique hexamètre, qu'on appelle encore vers *héroïque*
ou *épique.*

Il est *catalectique in dissyllabum*, c.-à-d. que le dernier pied est un trochée, ou un spondée : la quantité de la finale est indifférente (1).

L'*hexamètre* se compose de six mètres ou six pieds. Chacun de ces pieds est un *dactyle*, auquel on peut substituer un *spondée;* cependant le spondée ne se trouve que rarement au cinquième pied. Dans ce cas exceptionnel, le vers s'appelle *spondaïque ;* Catulle et ses imitateurs en ont fait un fréquent usage.

Plus l'hexamètre a de dactyles, plus il est léger. En général les poètes entrecroisent les dactyles et les spondées, et multiplient les uns ou les autres, selon qu'ils veulent rendre le mouvement plus rapide ou plus lent.

Voici, au point de vue des pieds, les différents aspects possibles de l'hexamètre régulier :

Cinq spondées et un dactyle.

$$-- \mid -- \mid -- \mid -- \mid -\cup\cup \mid --$$

ét cā- | līgān- | tèm nī- | grā fŏr- | mīdĭnĕ | lūcūm.   V.

Quatre spondées et deux dactyles.

$$-\cup\cup \mid -- \mid -- \mid -- \mid -\cup\cup \mid --$$
$$-- \mid -\cup\cup \mid -- \mid -- \mid -\cup\cup \mid --$$
$$-- \mid -- \mid -\cup\cup \mid -- \mid -\cup\cup \mid --$$
$$-- \mid -- \mid -- \mid -\cup\cup \mid -\cup\cup \mid --$$

Vīlĭŭs | ārgĕn- | tum ēst aū- | rō, vīr- | tūtĭbŭs | aūrūm.   H.
Sīncē-| rum ēst nĭsĭ | vās quŏd-| cūnque ĭn-| fūndĭs, ă-| cescĭt.   H.
Mūlcēn- | tēm tĭ- | grēs ĕt ă- | gēntēm | cārmĭnĕ | quĕrcūs.   V.
O cī- | vēs, cī- | vēs, quæ- | rēndă pĕ- | cūnĭă | prīmum ēst.   H.

(1) Postrema syllaba brevis an longa sit ne in versu quidem refert (Cic. *Or.*, 64.)

Trois spondées et trois dactyles.

$$-\smile\smile \mid -- \mid -\smile\smile \mid -- \mid -\smile\smile \mid --$$
$$-\smile\smile \mid -- \mid -- \mid -\smile\smile \mid -\smile\smile \mid --$$
$$-- \mid -\smile\smile \mid -\smile\smile \mid -- \mid -\smile\smile \mid --$$
$$-- \mid -\smile\smile \mid -- \mid -\smile\smile \mid -\smile\smile \mid --$$
$$-- \mid -- \mid -\smile\smile \mid -\smile\smile \mid -\smile\smile \mid --$$

Dūcĭt ĕt | ĭntāc- | tā tŏtĭ- | dēm cēr- | vīcĕ jŭ | vēncās.   V.

Jāmprŏpĭ-| ŏr, tēm-|ᵖlŭmque āp-| pārĕt ĭn | ārcĕ Mĭ-| nērvǣ. V.

Intēn- | dēs ănĭ- | mūm stŭdĭ- | ĭs ĕt | rēbŭs hŏ- | nēstĭs.   H.

Sĭlvēs- | trēm tĕnŭ- | ī mū- | sām mĕdĭ- | tārĭs ă- | vēnā.   V.

O fŏr- | tūnā- | tōs nĭmĭ- | ŭm, sŭă | sĭ bŏnă | nōrĭnt.   V.

Deux spondées et quatre dactyles.

$$-- \mid -\smile\smile \mid -\smile\smile \mid -\smile\smile \mid -\smile\smile \mid --$$
$$-\smile\smile \mid -- \mid -\smile\smile \mid -\smile\smile \mid -\smile\smile \mid --$$
$$-\smile\smile \mid -\smile\smile \mid -- \mid -\smile\smile \mid -\smile\smile \mid --$$
$$-\smile\smile \mid -\smile\smile \mid -\smile\smile \mid -- \mid -\smile\smile \mid --$$

Nŏn ūn-|ᵖquām grăvĭs | ǣrĕ dŏ-| mŭm mĭhĭ | dēxtră rĕ-|ᵖdĭbăt. V.

Lābĭtūr | ĕt lā- | bĕtŭr ĭn | ōmnĕ vŏ- | lūbĭlĭs | ǣvūm.   H.

Pārs Scy̆thĭ-| ăm ēt răpĭ-| dūm Crē-| tǣ vĕnĭ-|ĕmŭs O-| āxēm. V.

Aŭdĭĭt'; | ĭnsŏlĭ- | tĭs trĕmŭ- | ērūnt | mōtĭbŭs | Alpēs.   V

Un spondée et cinq dactyles.

$$-\smile\smile \mid -\smile\smile \mid -\smile\smile \mid -\smile\smile \mid -\smile\smile \mid --$$

Arĕt ă | gĕr, vĭtĭ- | ō mŏrĭ- | ēns sĭtĭt | āĕrĭs | hērbă.   V.

Exemples de vers *spondaïques* :

Pōst vēn-| tō crēs-ᶜcēntĕ mă- | gĭs, măgĭs|ĭncrē-|brēscūnt.   C.

Quǣsī- | tŭm Ænē- | ān ād | mœnĭă | Pāllān- | teā.   V.

In vāl-| lem Egĕrĭ- | ǣ dēs- | cēndĭmŭs | ēt spē- | lūncās.   J.

Il est extrêmement rare que, dans ces sortes de vers,

le quatrième pied ne soit pas un dactyle. On en trouve
cependant où cette règle est négligée :

Aūt lē- | vēs ŏcrĕ- | ās lēn- | tō dū- | cūnt ār- | gēntō.   V.

Cette diversité déjà si grande des hexamètres est aug-
mentée à l'infini par la place de la césure et l'enchevê-
trement des pieds.

§. 5. — DE LA CÉSURE DANS L'HEXAMÈTRE DACTYLIQUE.

L'hexamètre peut être considéré comme formé primitivement de deux *cola* (1), le premier de deux pieds
et demi, le deuxième de trois pieds et demi. La césure
principale tombe donc, en général, après le cinquième
demi-pied, ou autrement après l'arsis du troisième
pied. On l'appelle alors *penthémimère* (2) ou *semiquinaire*:

Hoc erat in votis, | modus agri non ita magnus.   H.

Dans cet exemple, il n'y a aucune césure accessoire.
D'autres fois il y a une césure accessoire après la
deuxième ou la quatrième arsis, ou en même temps
après la deuxième et la quatrième :

Protinus impressa ‖ signat | sua crimina gemma.
Vincentem | strepitus, ‖ et natum rebus agendis.   H.
Accedas | socius; ‖ laudes, | lauderis ut absens.   H.

Dans le vers suivant il n'y a, avec la césure principale, qu'une césure féminine dans le quatrième pied:

Imperat aut servit ‖ collecta | pecunia cuique.   H.

La plupart des vers lyriques d'Horace ont une césure
analogue à la penthémimère de l'hexamètre.

La *césure héphthémimère*, c'est-à-dire après l'arsis
du quatrième pied, est aussi très fréquente; mais elle
est accompagnée, en règle générale, d'une *trihémi-*

---

(1) V. § 2.
(2) *Penthémimère* de πενθημιμερής (πέντε, ἥμι, μέρος) cinq demi-pieds; *hepthé-*
mimère (de ἑπτά) sept demi-pieds; *trihémimère* (de τρία) trois demi-pieds.

mère (après l'arsis du deuxième pied), et d'une césure féminine dans le troisième pied:

> Oderunt | peccare | boni ‖ virtutis amore.

Cette forme de vers devint de plus en plus fréquente; elle finit par être, pour ainsi dire, le type parfait de l'hexamètre latin.

Tous les poètes, même les plus rigoureux, ont quelquefois pour césure principale la césure féminine du troisième pied (κατὰ τρίτον τροχαῖον), très fréquente chez Homère :

> Labitur et labetur | in omne volubilis ævum.   II.
> Nec jam se capit unda ; | volat vapor ater ad auras.   V

Les autres formes de vers hexamètres sont plus rares. On en trouve, surtout chez les satiriques, où la seule césure masculine est après le troisième pied, plus rarement encore après le premier, et même quelques-uns qui n'ont aucune césure masculine. Ex. :

> Responsare cupidinibus, ‖ contemnere honores.   II.
> Cum laqueo uxorem interimis ‖ matremque veneno.   II.
> Accessit ‖ numerisque modisque licentia major.   II.
> Vestrum prætor is intestabilis et sacer esto.   II.
> Dignum mente domoque ‖ legentis honesta Neronis.   II.

Ce dernier vers est d'autant plus fautif que les derniers mots forment une sorte de vers, composé de quatre *amphibraques*.

> ◡–◡ | ◡–◡ | ◡–◡ | ◡–◡

La césure tombe fort bien après un monosyllabe, s'il est précédé d'un autre monosyllabe, ou bien s'il est rattaché très étroitement au mot précédent par le sens ou par une élision :

> Jura, fides ubi nunc, | commissaque dextera dextræ?   O.
> Vincla recusantum et | sera sub nocte rudentum.   V.
> Cecropide, nec te | committe rapacibus undis.   O.

Horace, dans les satires et les épîtres, met très souvent la césure après un monosyllabe, même sans l'atténuation que présentent les deux exemples cités.

Parfois le troisième pied présente une césure particulière par suite de l'élision de la finale :

> Exit oppositasque | evicit gurgite moles.   V.
> Scuta virum galeasque | et fortia corpora volvit.   V.

Les exemples sont assez nombreux chez Virgile ; mais en général l'élision à la césure est évitée par les versificateurs sévères.

Quelquefois aussi l'absence de césure régulière est atténuée par ce fait que la syllabe qui commence le troisième pied est le préfixe monosyllabique d'un mot composé, comme dans le vers cité plus haut :

> Vestrum prætor is in–testabilis et sacer esto.

§ 6. — FINS DE VERS, COUPES DE L'HEXAMÈTRE.

C'est à la fin du vers que la mesure doit rester le plus pure ; aussi évite-t-on les élisions, les césures masculines au cinquième et au sixième pied.

Horace et les satiriques sont moins rigoureux à cet égard ; chez tous les poètes, d'ailleurs, on trouve des exceptions lorsqu'ils veulent produire une harmonie particulière :

> Parturiunt montes, nascetur ridiculus mus.   H.
> Sternitur exanimisque tremens procumbit humi bos.   V.

On évite aussi les fins de vers formées par des mots de quatre ou cinq syllabes ; les exceptions portent surtout sur des noms propres ou des mots grecs. Ex. :

> Damonis musam dicemus et Alphesibœi.   V.
> Aeriæ quercus aut coniferæ cyparissi.   V.

Donc la fin du vers est régulièrement formée ainsi :

‒◡◡ ‒‒	tēmpŏrĭs |	ānnī.
‒◡ ◡ ‒‒	cūrrĕt ĕt |	īntĕr.
‒◡ ◡‒‒	rōdīt ă |	mīcūm.
◡◡‒◡ ◡‒‒	spătĭ- | ūmquĕ jŭ- |	vēntĭē.
◡◡‒◡◡ ‒‒	nŭmĕ- | rōsăquĕ |	tūrbă.
‒‒◡◡ ‒‒	cōn- | sīstĕrĕ |	flūmĕn.
◡‒◡ ◡ ‒‒	ă- | cĕrvŭs ĕt |	aūrī.

Cette dernière forme, c'est-à-dire, un mot formant
un *amphibraque* (◡‒◡), suivi d'un *bacchius* (◡‒‒) ou un
pœon I (◡‒◡◡), suivi d'un *spondée*, est la moins fréquente; Catulle l'a évitée presque absolument; elle est
complètement fautive s'il y a un arrêt du sens devant
la dernière brève du quatrième pied, comme dans le
vers :

Olim truncus eram ficulnus, | inutile lignum.   H.

Le repos du sens est rare aussi devant le 5ᵉ pied. Très usité chez
les Grecs, chez Théocrite en particulier, assez fréquent dans les
Bucoliques de Virgile et dans les œuvres d'Horace, il est en somme
exceptionnel, bien que les grammairiens lui aient donné quelquefois
le nom de *césure bucolique*.
Les coupes les plus rares sont constituées par la pause qui tombe
après le troisième pied ou après le deuxième, ou après le premier
s'il est *spondaïque*. Ces formes exceptionnelles sont quelquefois
recherchées par les poètes, lorsqu'ils veulent donner au vers un
mouvement particulier. Ex. :

Lusisti satis, | edisti satis | atque bibisti.   O.
Arma amens fremit, | arma toro tectisque requirit.   V.
Ut primum cessit furor, | et rabida ora quierunt (1).   V.
Hasta sub exsertam donec perlata papillam
Hæsit, | virgineumque alte bibit acta cruorem.   O.

Le vers *hexamètre* est quelquefois *hypermètre*, c'est-
à-dire qu'il y a après le sixième pied une syllabe qui
s'élide sur la voyelle qui commence le vers suivant; le

(1) Les vers ainsi coupés par le milieu s'appellent quelquefois *priapéens*.

plus fréquemment la syllabe ainsi élidée est l'enclitique
que ou *ve.*

> Et magnos membrorum artus, magna ossa lacertos —*que*
> Exuit.   V.
> Aut dulcis musti vulcano decoquit humor—*em*
> Et foliis, etc.   V.

Nous verrons plus loin que d'autres vers présentent
également cette élision exceptionnelle.

§ 7. — DES VERS PENTAMÈTRES.

Le *pentamètre dactylique* ou *élégiaque* est composé
de deux membres (*cola*) ou hémistiches qui sont formés chacun de deux dactyles et d'une syllabe longue,
autrement dit, de deux hémistiches dactyliques catalectiques *in syllabam*; dans le second hémistiche, les
dactyles ne sont jamais remplacés par des spondées;
la césure est nécessaire entre les deux hémistiches.
Le pentamètre peut donc se représenter ainsi :

$$-\smile\smile \mid -\smile\smile \mid - \mid -\smile\smile \mid -\smile\smile \mid \supset$$

Bien que la dernière syllabe d'un vers soit indifférente, le pentamètre se termine rarement, chez les versificateurs rigoureux, par une voyelle brève. Ils met-
tent aussi très rarement à la fin du pentamètre des
monosyllabes, des mots de trois, de cinq ou de six
syllabes; en général, le dernier mot doit avoir deux
syllabes, et il en a souvent quatre ; les élisions sont
proscrites à la césure; elles sont rares et peu dures
dans le deuxième hémistiche.
Le pentamètre ne s'emploie pas seul il forme avec
l'hexamètre une strophe de deux vers appelée *distique;* c'est une règle rigoureuse qu'un distique ne doit

pas enjamber sur le suivant, et que le sens doit permettre un arrêt à là fin de chaque pentamètre. Ex. :

Turpe quidem dictu, sed, si modo vera fatemur,
Vŭlgŭs ă- | mīcĭtĭ- | ās ‖ ŭtĭlĭ- | tātĕ prŏ- | băt.
Cura, quid expediat, prius est quam quid sit honestum,
Et cūm | fŏrtū- | nā ‖ stătquĕ că- | dītquĕ fĭ- | dēs.
Nec facile invenias multis in millibus unum,
Vīrtū- | tĕm prĕtĭ | ūm ‖ quī pŭtĕt | ēssĕ sŭ- | I.   O.

§ 8. — AUTRES VERS DACTYLIQUES.

En allant des plus courts aux plus longs :
1° Le *trimètre catalectique in syllabam*

_∪∪ | _∪∪ | _
Arbŏrĭ- | būsquĕ cŏ- | mæ.

Horace en fait usage dans la *strophe première archiloquienne* (1) où il suit l'hexamètre (*Ode*, IV, 7).

2° Le *tétramètre acatalectique*, employé par Sénèque (*Œdipe*, 455-473).

_∪∪ | _∪∪ | _∪∪ | _∪∪
Tūm pī- | rātă frĕ- | tō păvĭ- | dūs nătăt.   S.

Le *tétramètre catalectique in duas syllabas* ou *alcmanique* est aussi employé par Horace (2) :

_∪∪ | _∪∪ | _∪∪ | _∪
Trīstĭtĭ- | ăm vī- | tæquĕ lă- | bŏrĕs ;

mais seulement en alternant avec l'hexamètre (*strophe deuxième archiloquienne* O. I, 7, 28).

Citons encore, pour mémoire, l'*hexamètre miure* ou *iambique*, c'est-à-dire terminé par un iambe, et le *tétramètre iambique* ou *phalisque*. Les grammairiens citent comme exemple du premier deux vers de Livius Andronicus :

Balteus et revocet volucres in pectore sīnus . . .
Dirige odorisequos ad nota cubilia cănes.

(1) Archiloque de Paros, poète du huitième siècle avant J.-C.
(2) Alcman, de Sardes, poète du septième siècle avant J.-C.

4

Et comme exemple du second une pièce d'Annianus(1) :

> Quando flagella jugas, ita juga,
> Vitis et ulmus uti simul eant, etc.

§ 9. — VERS IAMBIQUES.

Trimètre d'Horace, de Phèdre, de Sénèque.

Le plus usité des vers latins, après l'hexamètre, était le *trimètre acatalectique* ou *senarius* qui est une *hexapodie* iambique.

Il est rarement pur, c'est-à-dire composé entièrement d'iambes :

Phăsē- | lŭs īl- | lĕ quēm | vĭdē- | tīs hōs- | pītēs.   C.

Mais, en général, les pieds impairs peuvent être remplacés par des spondées; le trimètre est alors appelé *archiloquien* :

Tū pŏ- | nĕ fēr- | rūm, cāu- | să quī | fērri ēs | prĭŏr.   S.
Spēs nūl- | lă tān- | tūm pōs- | sĕ lē- | nīrī | mălūm.   S.

De plus, on trouve souvent deux brèves substituées à une longue, en sorte que l'iambe peut être remplacé par un tribraque ‿‿‿, par un dactyle, un anapeste ‿‿_ ou même par quatre brèves.

Chez Horace, on trouve le tribraque surtout au deuxième pied, l'anapeste au premier, le dactyle au premier et au troisième.

Dans les dialogues de Sénèque le Tragique, les pieds pairs sont presque toujours des iambes et quelquefois des tribraques; cette substitution n'a jamais lieu au dernier pied; les pieds impairs sont des iambes, des spondées, des dactyles ou des anapestes.

Phèdre suit une loi différente: l'iambe du dernier

(1) Poète du deuxième siècle ap. J.-C.

pied, par imitation des anciens comiques, est seul
respecté ; partout ailleurs il lui substitue le spondée
ou l'anapeste ; on rencontre le tribraque aux deuxième,
troisième, quatrième pieds ; le dactyle aux trois pre-
miers ; le *proceleusma* (quatre brèves) au premier. Il
y a aussi quelques cas semblables chez Sénèque.

La césure de l'iambique sénaire est généralement
penthémimère :

> Contra potentes | nemo est munitus satis.   Ph.

Plus rarement elle est hephthémimère :

> Et quod vides perisse, | perditum ducas.   Ph.

Voici des exemples des différentes sortes de trimètre sénaire :

Trimètre pur.

> Mĕǣ- | quĕ tēr- | ră cē- | dĕt In- | sŏlēn- | tĭǣ.   H.

Trimètres avec spondée aux pieds impairs :

> Sūpplēx | ĕt ō- | rŏ rĕ- | gnă pĕr | Prŏsēr- | pĭnǣ.
> Cĭtūm- | quĕ rĕ- | trō sōl- | vĕ tūr- | bĭnĕm.   H.

*Trimètres avec dactyles, anapestes, tribraques ou tétra-
braques aux pieds impairs :*

> Obsĕqŭi-|um ămī-|cōs, vĕ-|rītās | ŏdĭūm | părĭt.   Ph.
> Ingrä-|tŭs ū-|nŭs ōm-|nĭbūs | mĭsĕrīs | nŏcĕt.   Ph.
> Păvĕt ănĭ-|mŭs, ār-|tŭs hŏr-|rĭdūs| quāssăt| trĕmŏr.   Ph.

Trimètres avec substitution aux pieds pairs :

> Alītĭ-|bŭs āt-|quĕ cănĭ-|bŭs hŏmĭ-|cīdam Hēc-|tŏrĕm. Hor.
> En hǣc | sūprē-|mă dŏ-|nă gĕnĭ-|tōrīs | căpĕ.   S.

§ **10**. AUTRES VERS IAMBIQUES LES PLUS USITÉS
EN LATIN.

1° *Trimètre catalectique* :

‿‒ | ‿‒ | ‿‿‿ | ‿‒ | ‿‒ | ‒

Trăhūnt-|quĕ sīc-|cās nā-|chīnæ | cărī-|nās.   H.

Horace n'y décompose jamais les longues en deux
brèves, et n'y emploie que la césure penthémimère.

2° *Iambique dimètre* :

‒‒ | ‿‒ | ‒‒ | ‿‿

Fōrtī | sĕquĕ- | mūr pēc- | tŏrĕ.   H.
Imbēl- | lĭs āc | fīrmūs | părūm.   H.

Le dimètre se combine chez Horace avec le trimètre :

Ibīs | Lĭbūr- | nīs īn- | tĕr āl- | tă nā- | vĭūm,
Amī- | cĕ, prō- | pūgnā- | cŭlă.

3° *Le dimètre catalectique*, composé de trois pieds et
demi, et le *brachycatalectique*, de trois pieds seulement.

Sénèque a composé des strophes de vers de la première espèce, quelquefois terminées par un vers de la
deuxième.

Hūc fērt | pĕdēs | ĕt īl- | lūc ,
Ut tĭ- | grīs ōr- | bă nā- | tīs
Cūrsū | fūrēn- | tĕ lūs- | trāt
Gāngē- | tĭcūm | nĕmūs.   Sén.

Ce vers présente les mêmes substitutions de pieds
que le trimètre.

4° *Pentapodie catalectique* (ennéasyllabe alcaïque) (1):

‿‒ | ‿‒ | ‒‒ | ‿‒ | ‒

. Cæmēn- | tă dē- | mīttīt | rĕdēmp- | tŏr.   H.

Le premier pied est le plus souvent un spondée,

---

(1) Alcée, de Lesbos, poète du sixième siècle avant J.-C.

quelquefois un iambe, le troisième est toujours un spondée ; les deux pieds pairs sont toujours des iambes.

Ce vers, qui est le troisième de la strophe *alcaïque*, est le plus souvent composé chez Horace de trois mots de trois syllabes, et il a ordinairement une diérèse après le troisième pied.

REMARQUE. On peut scander ce vers autrement. V, § 15.

5° *Octonaire catalectique* :

$$ \bar{\smallsmile} \_ \mid \smallsmile \_ \mid \bar{\smallsmile} \_ \mid \smallsmile \_ \mid \bar{\smallsmile} \_ \mid \smallsmile \_ \mid \smallsmile \_ \mid \bar{\smallsmile} $$

Dēprēn- | să nā- | vĭs ĭn | mărī | vēsā- | nĭēn- | tĕ vēn- | tō. Cat.

6° *Trimètre iambique scazon* (hipponacteus (1) ou mimiambus trimètre). Il est terminé par un spondée ou un trochée.

Catulle en a fait usage dans huit pièces ; Martial s'en sert dans un grand nombre d'épigrammes. Ils y admettent les mêmes substitutions de pieds que dans le trimètre ordinaire, sauf au cinquième pied, qui est toujours un iambe.

Lūdī | măgīs-|tēr păr-|cĕ sīm-|plĭcī | tūrbǣ :
Sīc tĕ | frēquēn-|tēs āu-|dĭant | căpīl-|lātī,
Ĕt dē-|lĭcāt-|ǣ dĭ-|lĭgāt | chŏrūs | mēnsǣ...
Scŭtĭcā-|quĕ lō-|rīs hŏr-|rĭdis | Scythǣ | pēllĭs,   M.
Fĕrūlǣ-|quĕ trīs-|tēs scĕp|trǎ pǣ-|dăgó-|gōrum....   M.
Vĭdīs-|tĭs Ĭp-|sŏ răpĕ-|rĕ dē | rŏgō | cœnām.   C.

Le prologue de Perse est écrit dans le même mètre, ainsi que les *Catalecta* de Virgile : *Corinthiorum amator iste verborum* et *Ite hinc inanes, ite rhetorum ampullæ.*

§ 11. — COMBINAISONS DACTYLO-IAMBIQŬES: ÉLÉGIAMBES, IAMBÉLÉGIAQUES, VERS ASYNARTÈTES, ÉPODES.

Horace, à l'exemple d'Archiloque, a formé des vers composés de deux membres, l'un dactylique, l'autre

(1) Hipponax d'Éphèse, poète du 6ᵉ s. av. J.-C.

4.

iambique: c'est-à-dire d'un dimètre iambique et d'un hémistiche dactylique. Selon que ce dernier élément précède ou suit, ces vers s'appellent *Elégiambes* ou *Iambélégiaques*. Ils sont *asynartètes* (ἀ privatif, συνάρτηται attachés ensemble); les deux hémistiches ne sont pas fondus aussi intimement que les *cola* de l'hexamètre ou du trimètre : la syllabe qui termine le premier hémistiche est indifférente et l'hiatus y est toléré comme à la fin du vers :

> Fĕrvĭdĭōrĕ mĕrō | ārcānă prōmōrăt lŏcō.   H.
> Lĕvārĕ dīrīs pĕctŏră | sōllĭcĭtūdĭnĭbŭs.   H.

Ces vers d'ailleurs ne se rencontrent que dans les strophes épodiques, dont les combinaisons sont les suivantes :

1° *Trimètre suivi d'un Elégiambe* :

> Pēttī, nĭbĭl mĕ sīcŭt āntĕă jŭvăt
> Scrībĕrĕ vērsĭcŭlōs | ămōrĕ pērcŭssŭm grăvī.   H.

2° *Hexamètre dactylique, suivi d'un dimètre iambique* :

> Nōx ĕrăt, ĕt cælō fūlgēbăt lūnă sĕrēnō
> Intēr mĭnōră sĭdĕră.   H.

3° *Hexamètre dactylique, suivi d'un trimètre iambique.*

> Altĕră jăm tĕrĭtūr bēllīs cīvīlĭbŭs ætās,
> Sŭīs ĕt ĭpsă Rōmă cīvĭbŭs rŭĭt.   H.

4° *Hexamètre dactylique, suivi d'un iambélégiaque* :

> Hōrrĭdă tēmpēstās cælūm cōntrāxĭt, ĕt īmbrēs
> Nĭvēsquĕ dēdūcŭnt Jŏvēm; | nūnc mărĕ, nūnc sĭlŭæ... H.

Nota. Nous avons cité plus haut les strophes composées de deux dactyliques (*hexamètre avec trimètre ou tétramètre*) ou de deux iambiques (*trimètre avec dimètre*).

§ 12. — VERS TROCHAÏQUES.

Tétramètre, dimètre catalectiques, grand archiloquien.

Parmi les vers trochaïques les plus usités chez les classiques latins, nous citerons :

1° Le *tétramètre catalectique;* le trochée peut être, à l'inverse des iambiques, remplacé aux pieds impairs par le tribraque, aux pieds pairs par le tribraque, le spondée, le dactyle, l'anapeste. Ce vers a presque toujours une diérèse après le quatrième pied. Il a été d'un très grand usage chez les anciens poètes dramatiques, chez Lucilius, dans l'époque classique chez Publius Syrus et Sénèque.

Pāllĭ- | dī fāu-|cēs A-|vērnī ‖ vōsquĕ | Tænărĕ- | ī spĕ- | cūs,
Undă | mĭsĕrīs | grātă | Lēthēs ‖ vōsquĕ | tōrpēn-|tēs lă-|cūs,
Impĭ-|ŭm răpĭ-|te ātquĕ | mērsūm ‖ prĕmĭtĕ | pērpĕtŭ-|īs mă-|līs.

Sén., *Ph.*, 1210.

Dans les vers *trochaïques,* la loi des substitutions de pied est, on le voit, l'inverse de la règle suivie dans les iambes : les licences permises aux pieds impairs de ce dernier se reportent, dans le trochaïque, sur les pieds pairs. Cette différence s'explique par une théorie ingénieuse. On considère la *dipodie trochaïque* comme le mètre primitif :

$$- \smile - \breve{}$$

La quatrième syllabe est indifférente parce qu'elle est finale; il en est de même de la huitième et de la douzième :

$$-\smile \;|\; -\breve{} \;\|\; \dot{-}\smile \;|\; -\breve{} \;\|\; \dot{-}\smile \;|\; -\breve{}$$

Faisons précéder ce vers d'une syllabe de prélude longue ou brève :

$$\breve{} \;|\; \dot{-}\smile \;|\; -\breve{} \;|\; \dot{-}\smile \;|\; -\breve{} \;|\; \dot{-}\smile \;|\; -\breve{}$$

puis faisons entrer la première syllabe dans la mesure du vers et supprimons la dernière, nous aurons le trimètre suivant :

$$\breve{-} \;|\; \smile - \;|\; \breve{-} \;|\; \smile - \;|\; \breve{-} \;|\; \smile -$$

2° *Le dimètre catalectique,* de trois trochées et demi,

est employé par Horace, et forme avec l'*iambique trimètre catalectique*, la strophe *hipponactique* :

$$\smallsmile \smile \mid -\times \mid -\smile \mid \times$$
$$\times - \mid \smile - \mid \times - \mid \smile - \mid \smile - \mid \times$$

Nōn ĕ- | būr nĕ- | que aūrĕ- | ūm
Mĕā | rēnī- | dĕt ĭn | dŏmŏ | lăcŭ- | năr.

O. II, 18.

3° *Combinaison des mètres dactylique, trochaïque et iambique.*

Horace emploie une strophe où les éléments dactyliques, trochaïques et iambiques sont combinés ainsi : le vers *grand archiloquien*, formé d'un tétramètre dactylique acatalectique, plus trois trochées, est suivi d'un trimètre iambique catalectique (*Strophe quatrième archiloquienne*).

Sōlvītūr ācrīs hīēms | grātā vīcĕ ‖ vērīs ēt Făvŏnī,
Trăhūntquĕ sīccās māchīnæ cărīnās.

O. I, 4.

REMARQUE. Le *grand archiloquien* a une césure penthémimère et une diérèse après le quatrième dactyle.

§ 13. VERS ANAPESTIQUES.

Dimètre et monomètre.

L'anapeste, dans les iambiques, prend souvent la place de l'iambe; mais il est aussi employé seul pour former différents vers, chez les poètes dramatiques. Le plus usité est le *dimètre*, auquel se mêle le *monomètre*. Aux pieds pairs, il admet le spondée; aux impairs, le spondée ou le dactyle, d'où résulte une très grande variété.

Voici quelques exemples de Sénèque :

Hæc īn- | nŏcŭæ | quĭbūs ēst | vītæ
Trānquīl- | lā quĭēs,
Et læ- | tā sŭŏ | pārvŏ- | quĕ dŏmūs.
Tūrbĭnĕ | māgnŏ | spēs īm-|mānĭs
Ūrbĭbūs | ērrānt, | trĕpĭdī-|quĕ mĕtūs.

Le même poète a fait des strophes composées de dimètres et de monomètres alternés:

Hŭmĕrō- | que grăvēs | lĕvĭbūs | tēlīs
Pōnĕ phă- | rētrās,
Rĕsŏnēt- | quĕ mănū | pūlsă cĭ- | tātă
Vōcā- | lĕ chĕlў̄s.

§ 14. — VERS IONIQUES.

Mineur, sotadéen, galliambe.

1° L'*Ionique mineur* est employé par Horace sous la forme de *tétramètre* ou de *trimètre*. Ce vers n'admet pas de substitutions :

Sĭmŭl ūnctōs | Tĭbĕrīnīs | hŭmĕrōs lā- | vĭt ĭn ūndīs
Ĕquĕs ĭpsō | mĕlĭōr Bĕl- | lĕrŏphōntĕ
Nĕquĕ pūgnō, | nĕquĕ sĕgnī | pĕdĕ vīctŭs (1).

2° L'*Ionique majeur*, répété trois fois, et suivi d'un spondée, constitue le vers satirique, connu sous le nom de *sotadéen* (2). Ce type était d'ailleurs diversement disposé.

3o Le *galliambe* (Catulle, 63) est considéré comme un *tétramètre ionique mineur catalectique ;* il est coupé en deux parties par une *diérèse.* Les substitutions y sont si nombreuses que l'ionique pur ne s'y rencontre jamais ; la deuxième longue du premier pied se décompose en deux brèves, dont la seconde à son tour peut se confondre avec la première brève du deuxième pied ; c'est ce qu'on nomme *anaclase* (ἀναχλάζω briser). Les longues du deuxième pied ne se décomposent pas ; la deuxième longue du troisième pied se décompose régulièrement en brèves ; le deuxième hémistiche est donc plus uniforme que le premier. Le type ordinaire est celui-ci :

$$\overline{\cup\cup}\, \cup\, \underline{\cup} \mid \cup\, \underline{\vdots} \parallel \overline{\cup\cup}\, \underline{\cup}\, \underline{\cup} \mid \cup\, \cup\, \times$$

Adīītque ŏpācă, sĭlvīs ‖ rĕdĭmītă lŏcă dĕ̄̄.
Stĭmŭlātŭs ĭbī fŭrĕntī ‖ răbĭĕ, văgŭs ănĭmīs.   C.

(1) Nous adoptons ici le système de M. L. Quicherat.
(2) Sotadès, poète crétois du troisième siècle avant J.-C.

§ 15. VERS LOGAÉDIQUES.

Base, anacruse.

On appelle *logaédiques*, les vers où entre le dactyle, suivi d'un ou de plusieurs trochées.

Λογαοιδικός vient de λόγος, discours, prose, et ἀοιδή, chant, et ce mot, dont le sens exact n'est pas bien déterminé, désigne le mélange des pieds différents pour former un seul mètre.

Dans un grand nombre de ces vers, le dactyle est précédé d'un pied, primitivement variable, mais généralement fixé par Horace. Cette sorte de prélude s'appelle une *base*.

Dans d'autres cas, il y a une syllabe de prélude, longue ou brève; ainsi dans l'*ennéasyllabe alcaïque*, la première syllabe a été chez les Grecs longue ou brève à volonté ; chez Horace elle est encore quelquefois brève. Cette syllabe de prélude porte le nom d'*anacruse* (ἀνάκρουσις, prélude). L'anacruse peut se trouver même devant la base d'un logaédique.

Horace a généralement fixé la quantité de la base et de l'anacruse, que les Grecs considéraient comme variable (1).

Les vers logaédiques se partagent en deux groupes ; les *simples* et ceux qui sont *composés* de deux membres de mesure différente.

§ 16. LOGAÉDIQUES SIMPLES.

Adonique, aristophanique, phérécrate, glycon, décasyllabe, alcaïque, hendécasyllabe phalécien, saphique, alcaïque.

1. *Vers adonique.* Le plus court est le vers adonique, formé d'un dactyle et d'un trochée (ou spondée) :

$$-\smile\smile \mid -\times$$

Spērnĕrĕ | vūlgŭs. (2)   H.

(1) Cette théorie commode de l'anacruse est généralement adoptée aujourd'hui.

(2) Nous avons, par extension, compris l'adonique parmi les logaédiques ; à prendre au pied de la lettre les définitions des grammairiens, le vers logaédique a au moins deux trochées après le dactyle.

Horace l'a employé comme quatrième vers de la *strophe saphique* (1). Sénèque le place à la suite de séries variables de vers saphiques (voir plus loin).

2. *L'aristophanique* a un trochée (ou spondée) de plus.

$$\_\cup\cup \mid \_\cup \mid \_\times$$

Lȳdĭă | dĭc pĕr | ōmnēs....   H.

Horace l'emploie avec le grand saphique (voir plus loin).

3. *Le phérécrate* est un dactyle entre deux trochées ou spondées.

$$\_\cup \mid \_\cup\cup \mid \_\cup$$

Prōdĕ- | ās, nŏvă | nūptă.   C.

Chez Catulle, la base est généralement un trochée, quelquefois un spondée, et même un iambe. Horace ne l'emploie que comme membre adjoint à un autre vers. Catulle s'est permis une fois, contre la règle suivie absolument par les Grecs, de changer le dactyle en spondée.

Nūtrĭ- | ūnt hū- | mōrĕ.   C.

4. Le *glycon* a une syllabe de plus que le phérécrate; c'est une *tétrapodie catalectique.*

$$\_\stackrel{-}{-} \mid \_\cup\cup \mid \_\cup \mid \stackrel{-}{\cup}$$

Nūdūm | rēmĭgĭ- | ō lă- | tŭs

Horace n'emploie de glycons que dans les strophes asclépiades; Sénèque les emploie seuls ; mais dans Horace, la base est toujours un spondée. Sénèque a souvent à cette place un trochée, un iambe, un tribraque, et même quelquefois un anapeste (Euripide). Au contraire, Sénèque se permet une licence inconnue avant lui, lorsqu'il transforme le dactyle en spondée :

Vela, nē prēssæ gravi
Spiritu āntènnæ tremant.   Sén., Oed. 906.

Catulle, dans l'Epithalame de Manlius, emploie des strophes de cinq glycons, suivis d'un phérécrate :

Tōllĭte, ō pŭĕrĭ, făcēs ;
Flāmmĕūm vĭdĕō vĕnīrĕ ;
Ĭtĕ, cōncĭnĭte ĭn mŏdūm,
O Hȳmēn, Hȳmĕnæē Ĭō,
O Hȳmēn, Hȳmĕ: ǣ.

5. Le *décasyllabe alcaïque*, redouble pied par pied

---

l'adonique, et renferme deux dactyles suivis de deux trochées :

$$\_\cup\cup \mid \_\cup\cup \mid \_\cup \mid \_\div$$

Flūmīnă | cōnstĭtĕ- | rīnt ă- | cūtō.   ·   H.

6. *L'hendécasyllabe phalécien* (ou *phalèce*), est un phérécrate allongé de deux trochées.

$$\_\_ \mid \_\cup\cup \mid \_\cup \mid \_\cup \mid \_\cup$$

Jăm vĕr | ēgĕlĭ- | dōs ‖ rĕ- | fĕrt tĕ- | pŏrēs.   C.

Le premier pied est généralement un spondée. On y admet quelquefois l'iambe ou le trochée. Ce vers est resté en grande vogue chez les Romains. Stace s'en est servi dans plusieurs *Silves*. Martial en a fait usage dans un grand nombre d'épigrammes.

La césure penthémimère est souvent remplacée par une diérèse après le dactyle:

Jăm cǣlī fŭrŏr | ǣquĭnōctĭālĭs.   C.

Martial s'est servi aussi d'un *phalèce à double base* dont le deuxième pied est un anapeste:

Sătūr- | nĕ, tĭbĭ | Zōĭlŭs | ānnŭ- | lōs prĭ- | ŏrēs.

7. *L'hendécasyllabe saphique* est un aristophanique, précédé d'une dipodie trochaïque :

$$\_\cup \mid \_\breve \mid \_ \| \cup\cup \mid \_\cup \mid \_\breve$$

Lēnĭt | ālbĕs- | cēns ‖ ănĭ- | mōs că- | pĭllŭs.   H.

Le deuxième pied est toujours un spondée chez Horace, qui place constamment aussi une césure après la cinquième syllabe. Dans le quatrième livre et le Chant séculaire, il substitue souvent à cette césure la césure féminine après le sixième pied. Il n'emploie l'*hendécasyllabe saphique* que dans la strophe formée de trois de ces vers, suivis d'un adonique. Dans cette strophe, le troisième vers est étroitement lié au quatrième, comme le montrent les vers suivants :

Lābĭtŭr rīpā, | Jŏvĕ nōn prŏbāntĕ, ū-
       xōrĭŭs ămnĭs.
Thrācĭō bācchāntĕ | māgĭs sŭb īntĕr-
       lūnĭā vēntō.
Rōmŭlǣ gēntĭ | dătĕ rēmqŭĕ prōlēm*que*
       Et dĕcŭs ōmnĕ.

La finale de ce dernier saphique est élidée.

Sénèque, suivant sa coutume, a brisé la strophe saphique, et lait entrer ce vers dans diverses combinaisons.

8. *L'hendécasyllabe alcaïque* :

$$\smile \mid -\smile \mid -\smile \mid -\smile\smile \mid -\smile \mid \smile$$

Ce vers diffère du saphique, en ce que le dernier
trochée est catalectique, et que le premier est précédé
d'une syllabe généralement longue, quelquefois brève,
anacruse (1).

Horace et les autres poètes latins placent toujours une diérèse
après la cinquième syllabe :

$$\text{Dē-} \mid \text{rēptă} \mid \text{vīdī,} \parallel \text{vīdi ēgŏ} \mid \text{cīvī-} \mid \text{ŭm....}$$
anacruse

La *strophe alcaïque* comprend deux hendécasyllabes
alcaïques, suivis d'un ennéasyllabe et d'un décasyllabe
(voir plus haut.)

Fāstīdīōsăm | dēsĕrē cŏpīăm ēt
Mōlēm prŏpīnquăm | nūbĭbŭs ārdŭīs.
  Ŏmīttē mīrārī bĕātæ
Fūmŭm ēt ŏpēs strĕpītŭmquĕ Rōmæ.   H.

Sénèque a employé la strophe alcaïque, mais il a fait entrer aussi
les vers qui la constituent dans d'autres combinaisons ; il a usé de
la même liberté envers les autres strophes d'Horace.

§ — 17. VERS LOGAÉDIQUES COMPOSÉS.

Asclépiade, grand asclépiade, grand saphique, priapéen.

1° *Asclépiade.* Un phérécrate catalectique, suivi d'un
aristophanique catalectique, constitue le vers asclépiade. Le premier pied est toujours un spondée ; la
césure est de rigueur entre les deux parties du vers.

$$----\smile\smile- \cdot \parallel -\smile\smile-\smile\smile$$

Horace l'a employé seul (*strophe asclépiade I*).

Mæcēnās ătăvīs ēdītĕ rēgĭbŭs.   H. O, 1.

et dans les combinaisons suivantes :

1) V. § 15.

1° Trois asclépiades et un glycon (*str. asclépiade* II).

Scrībĕrīs Vărĭō fōrtīs ŏt hōstĭūm
Vīctōr, Mæŏnĭī cārmĭnīs ălĭtī,
Quām rĕm cūmquĕ fĕrōx nāvĭbūs aūt ĕquīs
Mīlĕs tĕ dŭcĕ gĕssĕrĭt.   H., O. I, 6.

2• Deux glycons et deux asclépiades alternés (*str. asclépiade* III.)

Sīc tĕ dīvă pōtēns Cўprī,
Sīc frātrēs Hĕlĕnæ lūcĭdă sīdĕră,
Vēntōrūmquĕ rĕgāt pătĕr
Obstrĭctīs ălĭīs prætĕr Ĭāpўgă.   H , O. I, 3.

3° Deux asclépiades, un phérécrate, un glycon (*str. asclépiade* IV).

O nāvīs, rĕfĕrēnt īn mărĕ tĕ nŏvī
Flūctūs. O quĭd ăgīs? fōrtĭtĕr ōccŭpă
Pōrtūm. Nōnnĕ vīdēs ūt
Nūdūm rĕmĭgĭō lătūs.....
                    Horace, I, 14.

Sénèque a fait un très grand usage des asclépiades, employés seuls, ou combinés de différentes manières avec le saphique ou l'alcaïque.

2° Le *grand asclépiade*, entre les éléments constitutifs de l'asclépiade, intercale un adonique également catalectique.

Tū nĕ quæsĭĕrīs | scīrĕ nĕfăs | quĕm mĭhĭ, quĕm tĭbĭ.....

Horace met une césure après le cinquième demi-pied et après le choriambe qui suit.

3° Le *grand saphique* est composé d'une tétrapodie catalectique où le dactyle occupe le troisième rang, comme dans le saphique mineur, et d'un aristophanique :

$$\smallsmile\vee \mid -- \mid -\vee\vee \mid - \parallel -\vee\vee-\vee-$$

Horace le combine avec l'aristophanique:

Lўdĭă dīc pĕr ōmnēs,
Tĕ dĕŏs ōrō, Sўbărīn ‖ cūr prŏpĕrēs ămāndō......

4° Enfin, *le vers priapéen* est composé d'un glycon, suivi d'un phérécrate ; les deux parties sont séparées par une césure : Catulle l'a employé :

$$\_\_ \quad \_\smile\smile \quad \_\smile\_ \ || \ \_\smile \quad \_\smile\smile \quad \_\_$$

Quāre hīnc ō pŭĕrī, mălās || ābstĭnētĕ răpīnās.
Vĭcīnŭs prŏpĕ dīvĕs ĕst || nēglĭgēnsquĕ Prĭāpŭs.

La base du phérécrate, servant de deuxième membre, est très rarement un spondée.

§ 18. — VERS ET STROPHES LYRIQUES DE CATULLE.

A. Vers employés seuls :

Purs 4 ; 29. (1)
Archiloquiens 52.
Hipponactiques 8 ; 22 ; 31 ; 37 ; 39 ; 44 ; 59 ; 60.
Octonaires iambiques catalectiques 25.
Galliambes 63.
Asclépiades majeurs 30.
Phaléciens (*hendécasyllabes*) 1-3 ; 5-7 ; 9 ;
    10 ; 12-16 ; 18 ; 23 ; 24 ; 26-28 ; 32 ; 33 ;
    35 ; 36 ; 38 ; 40-43 ; 45-50 ; 53-58.
Priapéens 17.

B. Strophes.

Trois glycons avec un phérécrate 34.
Quatre glycons avec un phérécrate 64.
Saphique 11 ; 51.

§ 19. VERS ET STROPHES D'HORACE.

A. Vers employés seuls (2).

Iambiques trimètres, Épode 17.
Asclépiades, Odes I, 1 ; III, 30 ; IV, 8.

---

(1) Catulle. Ed. L. Muller. Les chiffres indiquent le numéro des pièces.
(2) La plupart des savants considèrent aujourd'hui toutes les odes

Grands asclépiades, Odes I, 11 ; 18 ; IV, 10.
Ionique mineur, Odes III, 12.

B. Strophes de deux vers.

Iambiques, trimètres et dimètres, Epodes 1-10.

Pythiambe (*hexamètre dactylique avec dimètre iambique*), Epodes 14 ; 15.

Pythiambe (*hexamètre dactylique avec trimètre iambique*), Epode 16.

Deuxième archiloquienne (*hexamètre dactylique et iambélégiaque*), Epode 13.

Troisième archiloquienne (*trimètre iambique et élégiambe*), Epode 11.

Première archiloquienne (*hexamètre dactylique, avec trimètre dactylique catalectique*), O. IV, 7.

Alcmanique (*hexamètre dactylique, avec tétramètre dactylique*), Epode 12. Od. I, 7. 28.

Hipponactique (*dimètre trochaïque catalectique avec trimètre iambique catalectique*), O. II. 18.

Quatrième archiloquienne (*grand archiloquien avec trimètre iambique catalectique*), O. I, 4.

Deuxième strophe saphique (*aristophanique avec saphique majeur*), O. I. 8.

C. Strophes de quatre vers.

Deuxième asclépiade (*trois asclépiades et un glycon*), O. I, 6. 13. 24. 33. II, 12. III, 10. 16. IV, 5. 12.

Troisième asclépiade (*un glycon, un asclépiade, un*

d'Horace (non compris les Epodes), comme partagées en quatrains : les quatrains sont formés de quatre vers semblables (O, 1, 1) ou de deux distiques répétés (O, I, 7) ou de vers différents, de deux ou trois espèces, groupés quatre par quatre. Une seule ode (IV, 8), ne se prête pas à cette division ; mais elle est apocryphe ou altérée par des interpolations.

glycon, un asclépiade), O. I, 3. 13. 19. 36. III, 9. 15. 19. 24. 25. 28. IV, 1. 3.

Quatrième asclépiade (*deux asclépiades, un phérécrate, un glycon*), O. I, 5. 14. 21. 23. III, 7. 13. IV, 13.

Saphique (*trois saphiques* et *un adonique*), O. I, 2. 19. 12. 20. 22. 25. 30. 32. 38. II, 2. 4. 6. 8. 10. 16. III, 8. 11. 14. 18. 20. 22. 27. IV, 2. 6. 11. C. S.

Alcaïque (*deux hendécasyllabes, un ennéasyllabe, un décasyllabe*), O. I, 9. 16. 17. 26. 27. 29. 31. 34. 35. 37. II, 1. 3. 5. 7. 9. 11. 13. 14. 15. 17. 19. 20. III, 1-6. 17. 21. 23. 26. 29. IV, 4. 9. 14. 15.

§ 20. VERS ET STROPHES LYRIQUES DE STACE.

Phaléciens, Silves I, 6 ; II, 7 ; IV, 3 et 9.
Strophe saphique, Silves IV. 7.
Strophe alcaïque, Silves IV. 5.

EXERCICES DE MÉTRIQUE

VERS DACTYLIQUES

HEXAMÈTRES.

1. *Scander les vers suivants.* — *Indiquer les différentes sortes de césures et les élisions. Marquer l'accent tonique. Faire des remarques de prosodie sur les syllabes soulignées.*

Donner la quantité des dérivés : æquoreus, laborare, malignus. *Comment s'explique la quantité de l'*e *dans* ingenium, *de l'*i *dans* despicere ?

ÉLOGE DE LA PHILOSOPHIE.

Suave mări magno, turbantibus æquora ventis,
E terra magnum altĕrius spectare laborem ;
Non quia vexari quemquam est jūcunda vŏluptas,
Sed quibus ipse malis căreas, quia cernere suave est,
Suave etiam bellĭ certamĭna magna tueri
Per campos instructa, tua sine parte pericli
Sed nil dulcius est, bĕne quam mūnita tenere
Edĭta doctrina sapientum templa serena ;
Despĭcere unde queas alios, passimque videre
Errare, atque viam pălantes quærere vitæ,
Certare ingenio, contendere nobĭlitate,
Noctes atque dies nĭti præstante labore
Ad summas emergere opes rerumque potĭri.

2. *Même exercice.*

Observations sur les deux fins de vers soulignées.
Comment s'explique la quantité de l'i dans coniger?
Donner les dérivés et composés de rego *avec leur quantité.*

THÉSÉE VAINQUEUR DU MINOTAURE.

Nam velut in summo quătientem bracchia Tauro
Quercum, aut cŏnigeram sūdanti corpore pinum
Indŏmitus turbo contorquens, *flamine robur*
Eruit: illa prŏcul rădicibus *exturbata*
Prōna cadit, la*teque* et cominus obvia frangens;
Sic dŏmito sævum prostravit corpore Theseus,
Nequicquam vānis jactantem cornua ventis.
Inde *pedem* sospes multa cum lau*de* reflexit,
Errabunda rĕgens tenui vestigia filo,
Ne lăbyrintheis e flexibus *egredientem*
Tecti frustraretur inobservabilis error.

3. *Même exercice.*

SONGE DE POMPÉE AVANT LA BATAILLE DE PHARSALE.

At nox felicis Magno pars ultima vitæ
Sollicitos vana decepit imagine somnos.
Nam Pompeiani visus sibi sēde theatri
Innumeram effigiem romanæ cernere plebis,
Attollique suum lætis ad sīdera nomen
Vocibus, et plausu cŭneos certare sonantes.

4. *Séparer les vers suivants :*

SUITE DU MÊME SUJET.

Qualis er*at* populi facies clāmorque faventum, ōlim
quum jŭvenis pri*mique* ætate triumphi, post domitas

ge*ntes* quas torrens am*bit* Hiberus, et quæcumque fūgax
Sertorius im*pulit* arma, vespere pacato, pura vĕnera*b*ilis
æque, quam cur*rus* ornante, tŏga, plaudente senatu,
*se*dit ad*huc* rōmanus *eques.* Seu fine bo*no*rum anxia
ven*tu*ris ad tempora læta re*fu*git; sīve per ambages
so*li*tas contrāria *vi*sis *va*ti*ci*nata qui*es* magni tulit ōm*i*na
planctus; seu vetito patrias ul*tra* ti*bi* cernere sedes, sic
Romam Fortuna *dedit.* Ne rumpite somnos castrorum
vĭgiles, nullas tŭba verbĕret aures.

5. *Séparer les hexamètres suivants :*

SUR LES DIGUES CONSTRUITES PAR LES HOLLANDAIS.

His sŭper *edo*cti, longas mol*i*mine magno infixere
sūdes pelago, tum immania saxa et simul effertæ præ-
grandia pondera terræ advolvere super, molemque sub
astra dedere. Vicīno Nerei cunctos, his artibus usi,
præclusere aditus circum, mirabile dictu, et docuere
văgos vinclis assuescere fluctus. Ni faciant, magnasque
urbes camposque patentes quippe ferox tŭmidis involvat
fluctibus æquor. Haud aliter quondam Tēthyn dormisse
furentem fertur, et īratos fluctus vinxisse catenis innu-
mero circum stīpatus mīlite Xerxes.

DISTIQUES.

6. *Scander les distiques suivants :*
*Remarques sur les élisions et les fins de vers des penta-
mètres :*

DISCRÉTION DE CATULLE.

Si quidquam tacite commisum est fīdo ab amico
    Cujus sit pĕnitus nota fides animi;
Me unum esse invenies illorum jure sacratum,
    Cornēli, et factum me esse puta Harpocratem.

                                   5.

7. *Même exercice.*

Faire remarquer la différence de versification entre cette pièce et la précédente.

PRIÈRE A PHÉBUS.

Phœ*be*, fa*ve*, novus ingreditur tua templa sacerdos :
   Huc age cum cĭthăra carminibusque ve*ni*,
Nunc te vocales impellere pollice chordas,
   Nunc precor ad laudis flcctere verba modos.
Ipse triumphali *de*vinctus tempora lauro,
   Dum cumulant aras, ad tua sacra veni.
Sed nĭtidus pulcherque veni ; nunc indue vestem
   *Se*positam : longas nunc bene pecte comas :
Qualem te memorant, Saturno *re*ge fugato,
   Vic*to*ri laudes concinuisse Jovi.

8. *Séparer les hexamètres et les pentamètres.*

ÉPIGRAMMES.

Nil recĭtas et vis, Mămerce, poeta videri. Quidquid vis esto, dummodo nil recites.

Scrĭbere me quĕreris, Velox, ĕpigrammata longa. Ipse nihil scribis : tu brĕviora-facis.

Quid mihi reddat ager quæris, Lĭne, Nōmentănus. Hoc mihi reddit ager : te, Line, non video.

9. *Même exercice.*

FÉLICITATIONS ADRESSÉES A L'ACADÉMICIEN CHARPENTIER QUI A DEMANDÉ L'EMPLOI DE LA LANGUE FRANÇAISE POUR UNE INSCRIPTION TRIOMPHALE.

Sēquănides călăthis Nymphæ date lilia plenis, vestros qui tĭtŭlos asserat ultor adest. Vestra per hunc jam

lingua suos agnoscit honores; jam nihil in Latio, quo
superetur, erit.

10. *Retourner les distiques suivants* :

SUITE DU MÊME SUJET.

Verbis nŭmĕros dat, magnis rebus dat pondera ;
  Ecquis erit nunc pŭdor loqui ore patrio ?
Jam non incerta, gaudet præscribere leges suas
  Quas ratio, quas constansque usus prŏbat.
Quippe videas voces usu longo splendescere,
  Verbaque deterso sĭtu nitere pura.

11. *Mettre des épithètes aux places marquées par des
points, remplacer les mots soulignés par des synonymes.*

SUITE DU MÊME SUJET.

Ambitiosa etiam..... ornamenta loquelæ ᵉᵖ·
  Dedidicit,..... simplicitatis *avida*. ᵉᵖ·
Non illam *juvant* fallentum ludicra *verborum* ;
  Nec salibus,..... nec caret illa jocis. ᵉᵖ·
..... Comites et lucidus ordo nitorque ᵉᵖ
  Et decus et gravitas,.... ubique lepos ᵉᵖ·
Nil *auxilii* externi, Latii nil *indigens* cultus,
  ..... fundo..... promit opes. ᵉᵖ· ᵉᵖ·
Paulatim Ausoniæ sic crevit *laus* linguæ,
  Cum leges nondum juraque Roma *imponeret*.
Ast ubi se dominam *intellexit*, rerumque potentem,
  Graiorum excussit libera facta *dominationem*.
Solane tot titulis, tot Gallia *insignis* triumphis
  Linguæ sĭleat pauper *et* ĕgens suæ ?

12. *Retourner les distiques suivants* :

MILTON A LONDRES AU SORTIR DE L'UNIVERSITÉ
DE CAMBRIDGE.

Jam nec Cāmum mihi cūra revisere arundiferum,
    Nec amor laris dudum vetiti me angit;
Nec placent arva nūda, mollesque umbras negantia;
    Quam male locus ille convenit Phœbicŏlis !
Nec duri magistri mĭnas usque perferre lĭbet,
    Ceteraque non subeunda ingenio meo.
Me tenet urbs quam unda reflua alluit Tāmĕsis,
    Meque dulcis patria habet nec invitum.
Si hoc exsĭlium est patrios penates adiisse,
    Et sequi vacuum curis otia grata,
Non ego recuso vel nomen profugi sortemve,
    Et lætus fruor condicione exsilii.

13. *Mettre des épithètes aux places marquées par des points, remplacer par des synonymes les mots soulignés.*

MÊME SUJET.

    ép.   ép.
Tempora nam licet hic... dare... musis
    Et totum răpiunt me....   libri (apposition).

                    ép.
Excipit hinc fessum..... pompa theatri
    Et vocat ad plausus scena..... suos.

         ép.   ép.
Seu..... auditur senior, seu..... hēres
    Seu prŏcus, aut *relicta* casside miles adest;

            ép.
Sive..... fēcundus lite *causidicus*

                   ép.
    Detonat..... barbaras *voces* foro;

Sive cruentatum..... Tragœdia quassat
>Sceptrum et diffusis *capillis* ora rotat,

Et doleo et specto, *delectat* et spectasse dolendo,
>Interdum et lacrimis..... amäror *continetur*.

Sed neque sub tecto *perpetuo* neque in *mœnibus* lätemus
>Irrïta nec nobis tempora veris *transeunt*.

Nos quoque *silva* habet vicina *frequens* ulmo,
>Atque suburbani..... *umbra* loci. (1).

VERS IAMBIQUES

14. *Scander les vers suivants. Indiquer les césures.— Remarques de prosodie sur les syllabes soulignées.*

DÉDICACE D'UN VAISSEAU.

Phasēlus ille, quem videtis, hosp*i*tes,
Ait fuisse nàvium cĕlerr*i*mus,
Neque ul*li*us nätantis impĕtum *tra*bis
*N*equisse præterire, sive palm*u*lis
Opus *f*oret völare, sive linteo.
Et hoc negat mĭnacis Adriätici
Negare lītus, insulasve Cycladas
Rhŏdumve nōbilem horr*i*damve Thraciam.
Amastri Pontica et Cytōre bux*i*fer,
Tibi hæc fuisse et esse cognitissima
Ait Phaselus : ultima ex ŏr*i*gine
Tuo *st*etisse dicit in cacūmine,
Tuo imbuisse palmulas in æ*q*u*ore*
Et inde tot per im*p*otentia freta.
Herum tulisse : læva, sive dextera

---

(1) Nous croyons inutile de multiplier les modèles d'exercices sur l'hexamètre et le pentamètre, si longtemps pratiqués dans nos classes.

Vocaret aura, sive utrumque Jupiter
Sĭmul secundus incidisset in pedem ;
Neque ulla vota ĺitoralibus Diis
Sibi esse facta, quum veniret a mari
Nŏvissimo hunc ad usque limpidum lacum.
Sed hæc prius fuere ; nunc recondita
Senet quiete, seque dedicat tibi,
Gĕmelle Castor, et gĕmelle Castoris.

15. *Désigner les trimètres iambiques purs dàns la dixième Epode d'Horace :*

« Beatus ille' qui procul negotiis... »

16. *Scander les vers suivants. Indiquer les césures et les substitutions de pieds. Remarques sur les syllabes soulignées.*

HÉSITATIONS DE MÉDÉE AVANT DE FRAPPER SES ENFANTS.

Cor pepulit horror, membra torpescunt gĕlu,
Pectusque trĕmuit ; ira discessit loco,
Materque tota conjuge expulsa redit.
Egone ut meorum līberum ac prolis meæ
Fundam cruorem ? melius, ah demens furor !
Incognitum istud facĭnus ac dīrum nefas
A me quoque absit : quod scĕlus miseri luent ?
Scelus est Iāson genitor, est majus scelus
Medēa mater — occĭdant, non sunt mei —
Pereant ? mei sunt, crīmine et culpa carent.
Sunt innŏcentes, fateor : et frater fuit.
Quid, anime, tĭtŭbas ? ora quid lăcrĭmæ rigant,
Variamque nunc huc ira, nunc illuc amor
Diducit, anceps æstus incertam rapit ?

Même exercice.

17. *Indiquer les vers où le mètre iambique est le plus altéré. — Remarques de prosodie sur les syllabes soulignées.*

LE PILOTE ET LES MATELOTS.

Quum de fortunis quidam querĕretur suis,
Æsopus finxit consōlandi grātia :
Vexata sævis nàvis tempes*t*atibus,
Inter vectorum lacrimas et mortis metum,
Faciem ad serēnam subito mutat ut *dies*,
Ferri sĕcundis tuta cœpit flatibus,
Nĭmiaque nautas hĭlăritate extollere.
Factus periclo tum gŭbernator sophus : .
« Par*c*e gaud*e*re oportet et sensim queri,
Totam quia vitam miscet dolor et gaudiųm. »

18. *Scander et nommer les iambiques suivants.—Indiquer les césures.*

Vulcanus ardens urit officinas.
Jam te premet nox fabulæque mānes.
Novæque pergunt interire lūnæ.

19. *Scander et nommer les vers suivants. — Remarques de prosodie sur les syllabes soulignées.*

SOUVENIR DU PAYS NATAL.

Vir celtibēris non tacende gentibŭs,
Nostræque laus Hispāniæ,
Videbis altam, Lĭcĭniăne, Bilbĭlim,
Aquis et armis no*b*ilem.
Æstus serenos aureo franges Tăgo,

Obscūrus umbris arborum.

At cum Dĕcember canus et bruma impotens
    Aquilone rauco mūgiet,
Aprica repetes Tarrăcōnis litora,
    Tuamque Lālētāniam.
Ibi illĭgatas mollibus dāmas *plagis*
    Mactabis et vernas apros :
Vīcīna in ipsum silva descendet focum,
    Infante cinctum sordido.
Vocabitur venator, et veniet tibi
    Conviva clamatus prope.

20. *Scander et nommer les vers suivants* :

FUREUR DE MÉDÉE.

Quonam cruenta Mænas
Præceps amore sævo
Rapitur ? quod impotenti
Facinus parat furore?

Vultus citatus ira
Riget, et caput feroci
Quatiens sŭperba motu
Regi mĭnatur ultro.
Quis credat exsulem ?

Flagrant gĕnæ rubentes,
Pallor fŭgat rŭborem :
Nullum vägante forma
Servat diu cŏlorem.

Frenare nescit iras
Medea, non amores.
Nunc ira amorque causam
Junxere : qüid sequetur?

Quando efferet pelasgis
Nefanda Colchis arvis
Gressum, mĕtuque solvet
Regnum simulque reges ?

Nunc, Phœbe, mitte currus
Nullo mŏrante loro.
Nox condat alma lucem,
Mergat diem tĭmendum
Dux noctis Hesperus.

21. *Scander et nommer les vers suivants :*

A LA PRESQU'ILE DE SIRMIO.

Pæninsularum, Sirmio, insularumque
Ocelle, quascumque in liquentibus stagnis
Marique vasto fert uterque Neptūnus ;
Quam te lĭbenter, quamque lætus invīso !
O quid sŏlutis est beatius curis,
Cum mens ŏnus reponit, ac peregrino
Labore fessi venimus ad larem nostrum,
Desidĕratoque acquiescimus lecto !

22. *Séparer les trimètres suivants :*

ANTIGONE DÉCLARE A SON PÈRE QU'ELLE NE SE SÉPARERA
JAMAIS DE LUI.

Vis nulla, genitor, a tuo nostram manum corpore re-
solvet, nemo me cŏmitem tibi (2 vers).

Eripiet unquam. Labdāci clāram domum, opulenta
ferro regna germani petant. Pars summa magni patris
e regno mea est (3 vers).

Pater ipse. Non hunc auferet frăter mihi, thebana rapto sceptra qui regno tenet, non hunc cătervas alter argolicas agens. Non, si revulso Jupiter mundo tönet, mediumque nostros fulmen in nexūs cadat (5 vers).

Manum hanc remittam. Prohibeas, genitor, licet : regam abnuentem, dirigam inviti gradum. In plăna tendis? vădo. Prærupta appetis? Non obsto, sed præcedo. Quovis utere duce me. Duobus omnis eligitur via. Perire sine me non potes, mecum potes. Hic alta rupes arduo surgit jugo, spectatque longe spătia subjecti maris. Vis hanc petamus? Hinc rapax torrens cadit, partesque lapsi montis exesas rŏtat; in hunc ruamus? Dum prior, quo vis eo. Non deprĕcor, non hortor. Extingui cupis, votumque, genitor, maximum mors est tibi? Si moreris, antecēdo ; si vīvis, sequor (14 vers).

23. *Séparer les trimètres et les dimètres qui composent les strophes suivantes :*

LE PARVENU INSOLENT.

Licet sŭpeřbus ambules pecūnia, fortuna non mutat genus. (1 strophe)

Videsne, sacram mētiente te viam cum bis trium ulnarum tŏga, ut ora vertat huc et huc euntium liberrima indignatio? (2 strophes).

24. *Même exercice.*

HYMNE A LA PAIX.

Pax alma, dulce ubique nōmen gentibus, inter Deos pulcherrima pulcherrimos, quam me tui expectatio torquet mŏrantis ah nimis! Tu grāta musiṣ, tu fŏro

versantibus places, et urbi præsides. Te dįvites, te
ubique pauperum greges laboriosi prædicant. Per te
quiescent furta, cædes, vulnera, strāges, ruīnæ, incen-
dia, nec audietur amplius clangor tŭbæ viros cientis
ad nĕcem. Quæ plēraque viri si viderent principes,
cum bella inĭtio cogitant, aut abstinerent aut quibus-
vis ponerent mox cœpta condicionibus.

25. *Retourner les trimètres iambiques purs suivants* :

LE PROFESSEUR POÈTE A UN AMI.

Iambe venuste, qui ambulas pede mĕro,
Lares mei Attĭci statim te adire,
Et, si ille cälente in toro cessat,
Proferas verba velim bene auspĭcata :
Rĕmunde, diem nuŋtiat tibi bonam
Poeta qui dicitur esse biformis.
Scilicet fuit niger veste fluente,
Et continens insölente manu sceptra;
Hæc sed fuere. Nunc bonus et beatus
Prope ignem calet, et dividit ōtiosa
Tempora sēriisque jŏcisque sĕdens.

26. *Retourner les trimètres suivants :*

LA FLATTERIE PUNIE.

Phĭlippis tŭmens, atque ēbrius fortuna,
Græciæ urbes lustrabat Antonius,
Si quo loco läteret victa libertas
Sollicitus. Ubi videt nil non metu fractum
Patiensque freni, mĭnas exuit vultu
Et ad lasciviam a cædis fŭrore
Moresque suos redit sponte naturæ.

Non jam Hercŭles auctor gentis vetustæ
Jactatus excitat illum ad grandia facta.
Sed jŭvat æmulari patrem Liberum.
Hunc miratur unice: corporis habitu
Gestit referre. Se dicere Liberum,
Liberum suis statuis inscrībi gaudet.
Ergo illi cīvitas omnis, pedem quoquo
Tulisset, obviam ibat, mĕro et ture
Felix et dexter deus adesset, oratum.
Pars manu quatiebant thyrsum ante currus,
Io Bacche! canentes gutture rauco;
Pars succincta caput hĕdĕra pampinisque
Dabant motus petulcos more satyrorum.
Atque ista adūlatio multis profuit
Et avertit manus rapaces victoris.
Athēnienses vero, dum modum excedunt
Serviliusque captant grātiam domini,
Ultimam clādem suis rebus attulere.

27. *Remplacer les mots soulignés par des synonymes;
mettre des épithètes aux places marquées par des points.*
(*Iambiques trimètres.*)

Ingresso in urbem popŭlus occurrit.....
Interque plausus chŏrosque bacchantium
Illum ad..... templum dūcunt Palladis.
Tunc et sĕnatus præses implexam *præbens*
Hĕdĕris olivam : « Pignus, *ait*, hoc tibi,
Et quæ *aspernata est* virgo Martis nuptias,
Baccho his *conjugem* se dīcat sponsalibus.»
Sensit artes græculorum Antonius
Seque irrīderi *intellexit.* Utque ira et pŭdor
Jocorum non rŭdi ingenium auxerant

« Quis ait..... Palladis non *optet*
ép.
Conjugia? Do vicissim et accepto fidem :
Nunc mille vos talenta dotis *loco*
Date : Quanquam *natæ* id pärum est Jovis,
Plus non *petet* nostra tamen *bonitas*. »

28. *Retourner les dimètres iambiques suivants* :

A UN COPISTE TRÈS PROMPT A TRANSCRIRE.

Præpetum notarum, puer,
Mïnister sollers, advöla,
Bipätens pügillar expedi.
Tam velox mihi sentire
Dedisset mens mea vellem,
Quam fuga præpetis dextræ
Tu me prævenis löquentem.
Quis, quæso, quis prodidit me ?
Quis jam tibi dixit ista,
Quæ dicere cogitabam ?
Quæ in intimo corde furta
Ales dextera exercet ?
Quis tam novus rerum ordo,
Ut in aures tuas veniat
Quod nondum lingua absolverit ?
Non hæc præstitit doctrina ;
Munus hoc tibi natura
Donumque Deus tradidit,
Ut prius scires quæ loquerer,
Quodque volo,idem velles.

29. *Séparer les trimètres suivants, et substituer des synonymes aux mots soulignés.*

CRÉSUS SUR LE BUCHER.

Jam *ignis* totum se per ambitum dabat, volvens in
altum *fumantes* æstu globos.

At pæne sero Crœsus *magno* sono : « O *verax* vates, inquit, o Solon, Solon ! » Clamore *ingenti* ter Solonem nuncupat.

Qua voce Cyrus *commotus*, extingui jubet gyrum per omnem, et destrui *flagrantem* pyram ; et commode profusa *pluvia* nubibus.

Repressit *flammam*. Crœsus ad regem illico *ductus* lectam per ministrorum manum, interrogatus quem Solonem diceret, et quam ciendi causam haberet nominis, ordinem per omnem cuncta regi edisserit.

Miseratur ille, vimque fortunæ *cernens*, laudat Solonem : Crœsum in amicis habet, vinctumque pedicis aureis secum jubet reliquum quod esset vitæ totum *agere*.

30. *Séparer les scazons suivants :*

DÉDICACE.

Apollinarem conveni meum, scăzon, et, si văcabit, ne molestus accedas, hoc qualecumque, cujus aliqua pars ipse est, (3 vers)

Dabis : hoc facētum carmen imbuant aures ! Si te receptum fronte videris tota, noto rogabis ut. favore sustentet. Quanto mearum, scis, amore nūgarum flagret; nec ipse plus amare te possum. Contra malignos esse si cŭpis tutus, Apollinarem conveni meum, scazon. (7 vers.)

31. *Retourner les scazons suivants :*

LE PARASITE MALHEUREUX.

Rŭfe, quod Sĕlĭum vidĕs fronte nubila; Quod tĕrit porticum serus ambulator;

Quod vultus piger tacet quiddam lugubre,
Quod nasus indecens pæne tangit terram,
Quod pulsat pectus et vellit comam dextra,
Non luget ille fata amici aut fratris.
Vivit natus uterque, et precor vivat :
Et uxor est salva servique sarcĭnæque :
Decoxit nihil colonus villicusque.
Quæ causa igitur mæroris? — Cœnat domi.

VERS TROCHAIQUES ET VERS ANAPESTIQUES.

32. *Nommer et scander les vers suivants, marquer les césures principales, et indiquer quels pieds sont substitués aux trochées.*

INVOCATION DE MÉDÉE.

Comprĕcor vulgus sĭlentum, vosque fĕrales deos,
Et chaos cæcum atque ŏpācam Ditis umbrosi dŏmum,
Tartäri rīpis lĭgatos squalidæ mortis spĕcus,
Supplicis, animæ, remissis currite ad thälämos nŏvos.
Rŏta resistat membra torquens, tangat Ixĭon hümum.
Tantälus securus undas hauriat Pirŏnïdas.
Vos quoque, urnis quas fŏratis irritus lūdit läbor,
Dänaïdes, coite ; vestras hic dies quærit mänus.
Grävior uni pœna sĕdeat conjugis sŏcero mei :
Lubrĭcus per saxa retro Sisyphum volvat lapis.
Nunc meis vocata sacris, noctium sīdus, veni,
Pessimos induta vultus, fronte non ŭna mĭnax.

33. *Nommer et scander les trois espèces de vers renfermés dans le morceau suivant :*

L'ORACLE D'ŒDIPE.

CRÉON.

Sit prĕcor dixisse tūtum visu et auditu horrida.
Torpor insedit per artus, frigidus sanguis coit.

Ut sacrata templa Phœbi supplici intravi pede,
Et pias, nūmen prĕcatus, rīte submisi manus,
Gĕmĭna Parnassi nĭvalis arx trucem frĕmĭtum dedit,
Imminens phœbea laurus tremuit et movit dömum,
Ac rĕpente sancta fontis lympha castälii stetit.
Incĭpit lētoa vätes spargere horrentes cŏmas
Et päti commota Phœbum. Contigit nondum spĕcum,
Emĭcat vasto frägore major hümano sönus :
« Mītia cadmēis remeabunt sīdera Thebis,
» Si prŏfŭgus Dircen Ismēnida liqueris hospes,
» Regis cæde nŏcens, Phœbo jam notus et infans.
» Nec tibi longa mănent scĕlĕratæ gaudia cædis :
» Tecum bella gĕres, natis quoque bella relinques. »

Quod facere monitu cælitum jussus paro,
Functi cineribus regis hoc decuit dari,
Ne sancta quisquam sceptra violaret dolo.
Regi tuenda maxime regum est salus.

34. *Scander et nommer les vers suivants* :

O funestus multis populi
   Dirusque favor,
Qui cum flatu vela secundo
Ratis implevit vexitque procul,
   Languidus idem
Deserit alto sævoque mari.
Flevit Gracchos miseranda parens,
   Perdidit ingens
Quos plebis amor nimiusque favor,
   Genere illustres,
Pietate, fide, lingua claros,
Pectore fortes, legibus acres.

Bene paupertas humili tecto
   Contenta latet :
Quatiunt altas sæpe procellæ,
Atque evertit fortuna domos.

VERS LOGAÉDIQUES SIMPLES.

PHÉRÉCRATES, GLYCONS, HENDÉCASYLLABES.

35. *Nommer et scander les vers suivants .*

Verum est, quod cecinit sacer
Thressæ sub Rhödöpes jŭgis
Aptans piĕriam chĕlyn
Orpheus, Calliopæ gĕnus,
Æternum fieri nihil.

Illius stetit ad mödos
Torrentis răpidi frăgor,
Oblitusque sĕqui fŭgam
Amisit lïquor impĕtum.
Advexit volucrem nĕmus,
Aut si qua aera pervolat
Auditis väga cantibus
Ales deficiens cädit.

Et quercum fugiens suam
Ad vätem pröpĕrat Dryas ;
Ad cantus veniunt tuos
Ipsis cum lätebris fëræ.

36. *Nommer et scander les vers suivants :*

Prödeas, nova nupta, si
Jam videtur, et audias

6

Nostra verba. Vide ut faces
Aureas quătiunt cŏmas :
Prodeas, nova nupta.

37. *Nommer et scander les vers suivants :*

Lūgete, o Vĕneres Cūpĭdinesque,
Et quantum est hominum venustiorum.
Passer mortuus est meæ puellæ,
Quem plus illa ŏcŭlis suis ămabat :
Nam mellitus erat, suamque norat
Ipsa tam bĕne quam puella matrem, ·
Nec sese a grĕmio illius mŏvebat ;
Sed circumsĭliens mŏdo huc modo illuc
Ad sôlam dŏmĭnam usque pīpiabat.
Qui nunc it per ĭter tĕnebricosum
Illuc, unde nĕgant redire quemquam.
At vobis mäle sit, malæ tĕnebræ
Orci, quæ omnia bella devŏratis :
Tam bellum mihi passerem abstulistis.
O factum male ! io miselle passer !
Tua nunc ŏpĕra meæ puellæ
Flendo turgĭduli rŭbent ocelli.

38. *Retourner les vers suivants : (hendécasyllabes phaléciens).*

DE BONO POETA.

Illum, Chærĭle, poetam amo et prŏbo.
Qui nĭtidus pūra locutione
Et gravis sĕnsu, et profundus ore,
Æquus, compositus, sibi cohærens,
Consĭmilis sui, suique compos,

Splendescat mihi luce non maligna.
Nolo nĭmis glōriola tŭmentem,
Nolo poetam qui se amet nimium ;
Qui se ipse venditet prædicetque,
Et se poetis omnibus præferat;
Qui ostiatim suffrāgia supplice
Lingua, et multiplici salute ambiat ;
Qui pŏtentiorum tecta obsĭdeat
Et nummo expĕtito insĭdietur ;
Qui lŭcelli desīdĕrio impotens,
Et lĕvis fāmæ appetens, lăboris
Non sui præmia captet, et sŭperbus
Pennis non suis compĭta oberret.

39. *Retourner les vers suivants :*

DE BONO POETA (suite).

Illum, Chærile, poetam non ămo,
Et faciem oblĭtum dŏloso fūco,
Et buccas tumidum fastu insŏlente ;
Qui nunc se răpido nīsu sub astra
Lĕvat sublīmem, et modo jăcentes
Per terras expedire tentat iter ;
Qui nunc floridulus, pŏlitulusque
Chăritum fragrantes per hortos ambŭlat,
Et nunc horrĭdus atque sentĭcosus,
In silvestribus veprētis hæsitat ;
Qui nunc cădente lympha limpidior
Mollibus ripis gaudet assĭlire ;
Et nunc turbidus atque fæculentus
Pigra pălude desĭdior torpet :
Illum non amo, Chærile, poetam.

40. *Retourner les vers suivants* :

Si statim sex sestertia dedisses,
Cum mihi dixti : « Sume, tolle, dono, »
Tibi, Pæte, deberem pro ducentis.
At nunc cum moratus diu dederis
Puto post septem, vel novem Kalendas,
Vis tibi veris veriora dicam?
Sestertia, Pæte, sex perdidisti.

41. *Remplacer par des synonymes, qui fassent le vers, les mots soulignés.*

IN PESSIMOS CONJUGES

Cum sitis similes, paresque *moribus*,
Uxor pessima, pessimus *conjux*,
Miror, non *optime* convenire vobis.

42. *Mettre des épithètes aux places marquées, et remplacer les mots soulignés par des synonymes.*

Cui tradas, Lŭpe, *natum* magistro,
ép. au sujet.
Quæris....... diu rogasque.
ép. à grammaticos.
.... Grammaticosque rhetorasque
Devites, *hortor* : nihil sit illi
Cum *operibus* Ciceronis aut Maronis ;
Famæ Tŭtilium suæ *linquat*.
Si versus facit, abdices poetam.
Artes discere vult pecuniosas?
Fac discat citharædus aut choraules.
Si duri *filius* ingeni videtur,
Præconem facias vel architectum.

VERS ET STROPHES SAPHIQUES.

43. *Scander les vers suivants, en marquant les césures.*

AD HERCULEM.

Quantus incēdit pŏpulus per urbes
Ad nŏvi lūdos ăvidus thĕatri :
Quālis ēleum ruit ad tonantem,
Quinta cum sacrum revocavit æstas :
Quanta, cum longæ redit hōra noctis,
Crescere et somnos cŭpiens quietos
Libra phœbeos tĕnet æqua currus,
Turba secretam Cererem frequentat,
Et citi tectis properant relictis
Attici noctem celebrare mystæ :

Tanta per campos ăgitur sĭlentes
Turba. Pars tarda grăditur sĕnecta,
Pars adhuc currit melioris ævi,
Virgines nondum thălămis jŭgatæ,
Et cŏmis nondum positis ĕphēbi,
Matris et nōmen modo doctus infans.

44. *Scander les strophes suivantes, et nommer les vers qui les composent.*

Immĭnens villæ tua pīnus esto,
Quam per exactos ego lætus annos
Verris oblīquum mĕditantis ictum
       Sanguine donem.

Otium, Cătulle, tibi molestum est :
Otio exuĺtas nimiumque gestis.

                                    6.

Otium et reges prius et beatas
Perdidit urbes.

Obs. En quoi le premier vers de cette dernière strophe diffère-
t-il de tous les vers saphiques d'Horace?

45. *Séparer les vers des strophes suivantes et les scander.*

Nulla vis flammæ tŭmidive venti tanta nec tēli mĕ-
tuenda torti, quanta cŭm conjux vĭduata tædis ardet et
ōdit;

Non ubi hibernos nĕbŭlosus imbres Auster advexit,
prŏperatque torrens Hister, et junctos vĕtat esse pontes
ac văgus errat.

Non ubi impellit Rhŏdănus prŏfundum, aut ubi in
rivos nivibus sŏlutis sole jam forti mĕdioque vere ta-
buit Hæmus.

Cæcus est ignis stĭmŭlatus ira nec rĕgi cūrat păti-
turve frēnos, haud tĭmet mortem, cŭpit ire in ipsos
obvius enses.

46. *Retourner les vers suivants :*

AD CAROLUM PERERIUM POETAM.

Non vides quanto frĕquentes pŏpŭli,
Docte Pērēri, plausu sonuere,
Simul dulces aureo impulisti
      Pectine nervos ?

Audit, et mĕdĭtata secum Clio
Auditum carmen stŭdiosa reddit ;
Circum tremuere arduæ summo
      Vertice laurus;

Umbrosis recŭbans vĭretis reddit

Seu qui tĕnet arva ultimæ Calpes,
Sive qui vâga fâbulosi pōtat
    Flumina Gangis.

47. *Ajouter des épithètes aux substantifs soulignés et les mettre aux places marquées par des points.*

SUITE DU MÊME SUJET.

Te decet..... levium *susurros*
Virginum..... celebrare *cantu*,
Te decet *Faunos* numeris.....
    Dicere parvis.

Mox tibi versu procul audiendo
Maximus rerum Ludovix canetur,
..... quandoque ruens Iberum
    Contudït *armis*

Vana jactantem : simul ut.....
Laurea victor caput impedivit,
Dexteram mox et decorabit.....
    Termes *olivæ.*

48. *Remplacer les mots en italiques par des synonymes.*

AD NICOLAUM HEINSIUM

Poeta inter aulæ tumultus patriæ desiderio tenetur.
Ergone æternis *jactemur*, Heinsi,
Fluctibus rerum, *incertæque fortunæ*
Aura nos semper *perfida* cæco
    Turbine verset ?

Jam satis longos *toleramus* tumultus,
Jam decem *Sol* reparavit annos,

Vana me postquam patria *privatum*
Tenet aula.

O ubi *olim* mihi nota *juventus*,
Atque *fessæ* juvenum choreis
Olĕnæ Nymphæ, levibusque rura
Nota Nymphis !

Illa vitales mihi lucis auras
Præbuit *terra,* eadem *tumulo*
Ossa componens cineri *extremos*
Reddat honores!

49. *Reconstruire deux strophes saphiques avec les phrases suivantes :*

MÊME SUJET.

Illa mihi præ cunctis ridet ora; his ripis lentus jacuisse amem, floreos inter odores beati ruris recubans.

Hinc meo capiti corollas nectam: non quavis valle decerpti mihi flores placuere, neque omni lectus cespite ramus.

VERS ET STROPHES ALCAÏQUES.

50. *Scander les vers suivants en marquant les césures.*

Justum et tĕnacem propŏsiti virum,
Non cívium ardor prāva jŭbentium,
Non vultus instantis tyranni
Mente quătit sŏlida, neque Auster,

Dux inquieti turbidus Hadriæ,
Nec fulmĭnantis magna mănus Jovis;

Si fractus illàbatur orbis,
Impăvidum fĕrient ruīnæ.

51. *Scander les vers suivants :*

Dulce et dĕcōrum est pro patria mŏri.
Mors et fŭgacem persĕquitur virum,
Nec parcit imbellis jŭventæ
Poplitibus tĭmidoque tergo.

Virtus repulsæ nescia sordidæ
Intāminatis fulget hŏnoribus,
Nec sūmit aut ponit sĕcūres
Arbitrio pŏpŭlaris auræ.

Virtus, reclūdens immĕritis mŏri
Cælum, nĕgata tentat ĭter via,
Cœtusque vulgares et ūdam
Spernit hŭmum fŭgiente penna.

52. *Séparer et scander les vers des strophes alcaïques suivantes :*

LE POÈTE ENNEMI DE L'IMPROVISATION.

Nūgas sŏnantes, splendida somnia, adblandientes auribus et mŏdos, cēdamus insulsis poëtis quos recreat sine mente carmen. At nos sĕvēri docta laboribus cūdenda longis carmina scribimus. Redduntur incudi impŏlita, atque novis recŏquenda flammis.

53. *Retourner les vers suivants :*

SUITE DU MÊME SUJET.

Ire Olympo celso non datur alia
Via ; quid urges ? imprŏbos ibimus

Per labores, quo portat fama ;
Quo ïter fecit sibi, pŏtenti

Qui mănu tenet sceptra sacra vătum
Princepsque lyræ, Romŭlei arbïter
Auctorque sermonis, lătinis
Unde dĕcus omne venit Musis.

54. *Mettre des épithètes aux places marquées par des points. Remplacer par des synonymes les mots soulignés.*

SUITE DU MÊME SUJET.

Ne *tentantem* magna supercïli
ép. à supercili.
.... poetam coge molestior ;
Non *imperia* nec leges capessit
Nescia mea musa flecti.

Prudens *venturi*, cuique dedit suum
ép. à autumnus.
Natura tempus : vina.....
Autumnus, et *tributum* anni
ép. à æstas.
Dat *messes*..... semper æstas.

55. *Refaire la strophe suivante :*

Vatibus sacratis non id accidit. Magnis cœptis non ponimus certa tempora. Nos omnes supremis arbïtriis regit unus Apollo.

VERS LOGAÉDIQUES COMPOSÉS.

ASCLÉPIADE, GRAND ASCLÉPIADE, PRIAPÉEN

56. *Nommer et scander les vers suivants :*

EURYDICÉ.

Quæ silvas et äves saxaque traxerat
Ars, quæ præbuerat flūminibus moras,
Ad cujus sonitum constiterant fĕræ,
Mulcet non solitis vocibus inferos,
Et surdis resŏnat clārius in lŏcis.
Deflent Eurȳdĭcen Tænariæ nŭrus :
Deflent et läcrĭmis diffĭcĭles dei,
Et qui fronte nĭmis crimina tetrica
Quærunt, ac vĕteres excŭtiunt reos,
Flentes Eurydicen juridici sĕdent.
  Tandem mortis ait « Vincimur » arbĭter:
« Evāde ad sŭpĕros, lege tämen data :
Tu post terga tui perge viri cŏmes;
Tu non ante tuam respĭce conjugem,
Quam cum clāra deos obtulerit dies
Spartanique aderit jänua Tænari. »
Odit vĕrus ämor nec pätitur möras.
Mūnus dum prŏpĕrat cernere, perdidit.

57. *Nommer et scander les vers suivants :*

I

Nullam, Vāre, sacra vite prius severis arborem
Circa mite sŏlum Tiburis et mœnia Cătĭli;
Siccis omnia nam dūra deus proposuit, neque
Mordaces aliter diffugiunt sollĭcĭtūdines.

Quis post vīna grăvem mīlĭtiam aut paupĕriem crĕpat?
Quis non te pŏtius, Bacchc pater, tequc, dĕcens Vĕnus ?

II

Hujus nam dŏmĭni cŏlunt me, dcumque sălūtant,
Pauperis tŭgŭri pater fĭliusque ădŏlesccns,
Alter assidua căvens dilĭgentia, ut hcrbæ
Vepresque aut rŭbus a meo sint remota săcello ;
Alter parva manu ferens sæpe mūncra larga.
Florido mihi ponitur picta vere cŏrolla
Prīmĭtus, tenera vĭrens spīca mollis ărista,
Lūteæ vĭŏlæ mihi, laeteumque păpāver,
Pallentesque cŭcurbĭtæ, et suave ŏlentia măla,
Uva pampĭnea rŭbens edŭcata sub umbra.
Sanguine hæc etiam mihi, sed tacebitis, arma,
Barbatus lĭnit hirculus cornipesve căpella.

58. *Retourner les asclépiades suivants :*

DEBEMUR MORTI.

Quidquid sol ŏriens et quidquid occidens
Novit, cæruleis frĕtis Ocĕănus
Quidquid bis vĕniens, bis fŭgiens lăvat,
Pēgăseo grădu corripiet ætas.

Quo turbine vŏlant bis sēna sīdera,
Quo cursu volvere sæcula properat
Dŏmĭnus astrorum, quo modo properat
Hĕcăte flexibus obliquis currere.

Hoc fata pĕtimus omnes, nec amplius
Qui lăcus superis jūratos tetigit,
Usquam est. Ut călidis ab ignibus fūmus
Vānescit sordidus per breve spătium,

Ut nŭbes, quas modo grăvidas vidimus,
Arctoi Bŏrĕæ impĕtus dissïpat :
Sic spïritus hic quo rĕgimur effluet.
Spem ăvidi ponant, mĕtum sollïciti.

STROPHES ASCLÉPIADES.

59. *Nommer les strophes suivantes ; nommer et scander les vers qui les composent.*

Ut măter jŭvĕnem, quem Nŏtus invïdo
Flătu Carpăthii trans maris æquora
Cunctantem spătio longius annuo
    Dulci distïnet a dŏmo,

Vŏtis ŏminibusque et prĕcibus vŏcat,
Curvo nec faciem littore dimŏvet :
Sic desĭdĕriis icta fïdelibus
    Quærit patria Cæsarem.

60.   DE MORTUO POETA.

Vătes, parcite flētibus :
Cur molles lacrimas, cur gĕmitus grăves,
    Aut cur carmina tristibus
Decantata mŏdis funditis anxii ?
    Jam nunc sat lacrimis datum est.
Huc, huc, pro lacrimis purpŭreas rŏsas,
    Huc plēnis mănibus date
Pallentes vïŏlas, albaque lilia.

61.   LAUDATUR FONTIS CUJUSDAM SALUBRITAS.

Ad fontes mădïcos undique curritur ;
Hinc longe fŭgiunt agmina fĕbrium,

7

Morbi, pallida monstra :
His terris hăbitat Sălus.

Succis seu mĕlior terra salubribus,
Seu ferro insita vis, seu gĕnius lŏci,
   Sacras efficit undas,
  Membris inde redit vĭgor.

62. *Séparer et nommer les vers qui composent les strophes suivantes :*

AD HENRICUM FURCIUM, URBIS PRÆTOREM ET ÆDILES
VETERUM FONTIUM IN NOVOS FONTES EXPOSTULATIO.

Largos quæ lătices tam populo diu præbemus, veterum numina fontium, te nos, Prætor, adimus. Justam fer miseris opem.

En surgunt nova nunc agmina Naïadum, urbem quæ riguis fontibus alluunt, et nos Numina, siccos fontes linquere cogimur.

Fontes non alios novimus, excitat nostrorum nisi quos copia fletuum : nobis nomina vana restant, et fuimus Deæ.

Naias quæque, suo fonte beatior, nobis quos rapuit gaudet honoribus, omnes et sua vernis ornant tempora floribus.

63. *Ajouter des épithètes aux substantifs soulignés, et les mettre aux places marquées par des points.*

SUITE DU MÊME SUJET.

Hæc se jactat aquis, illa situ loci;..... hæc *latices* prædicat, *altera* monstrat..... urnam..... que artificum *manus.*

Æqua quis ferat hanc mente superbiam? Vixdum rure suo cognita,..... resplendentia in *auro* nuper nomina legimus ;

Dum nos sub..... *rupe* reconditas, *campos* per.....,
.... *per loca*, quas collegimus urbi, undas jam male perdimus.

64. *Remplacer les mots soulignés par des synonymes.*

SUITE DU MÊME SUJET.

Olim non ita nos Numina *contempserat* prætor, qui dominam munere *regali* nos transmisit in *civitatem*, longis ducta canalibus.

Tu, quem tot *nobilium* legit ab ordine Princeps, haud titulis *magnis* imparem, si quid tale meremur, *ademptum reddas* decus.

Quod si nos *propitio* lumine videris, laxis et *permiseris* currere *undis*, te mox omnibus *aquis*, prætor *ingens*, sonabimus.

RÉCAPITULATION GÉNÉRALE.

65. *Indiquer, à l'aide d'un tableau, en quoi diffèrent entre eux les vers suivants, en passant des plus courts aux plus longs :*

adonique,
aristophanique,
phérécrate,
glycon,
phalèce,
décasyllabe,
saphique,

alcaïque,
asclépiade,
grand asclépiade,
grand saphique,
priapéen.

66. *En prenant pour point de départ l'adonique* « Plaudite cives», *transformer successivement cette phrase en chacun des vers nommés ci-dessus, à l'aide d'additions, d'interversions ou d'autres changements.*

67. *Prendre pour matière le priapéen suivant :*

Hostes mœnibus ingruunt : sternit omnia ferrum.

et construire avec cette phrase, à l'aide de suppressions, interversions, etc., les vers nommés ci-dessus, mais dans l'ordre inverse, c'est-à-dire en passant des plus longs aux plus courts.

68. *Reconnaître les vers suivants. Avec quels vers se combinent-ils pour former une strophe? Donner le nom de cette strophe.*

1. Tu vina Torquato move consule pressa meo.
2. Jussus abire domum ferebar incerto pede.
3. Flumina prætereunt.
4. Et imputata floret usque vinea.
5. Cras ingens iterabimus æquor.
6. Revellis agri terminos et ultra.
7. Sit liber, dominus qui volet esse meus.
8. In verba jurabas mea.
9. Vos quibus est virtus, muliebrem tollite luctum

69. *Reconnaître les vers suivants. Avec quels vers se combinent-ils pour former des strophes ? Nommer ces strophes.*

1. Torquibus exiguis renidet.
2. Augur Apollo.
3. Sublimi feriam sidera vertice.
4. Lenesque sub noctem susurri.
5. Sanguine viperino.
6. Nudum remigio latus.
7. O matre pulchra filia pulchrior.
8. Integer vitæ scelerisque purus.
9. Et tollens vacuum plus nimio gloria verticem.
10. Sæpe trans finem jaculo nobilis expedito.

70. *Nommer et scander les vers et les strophes qui suivent.*

AD AMICUM.

Ni te plus oculis amem et mĕdullis,
Vita non mihi vita sit, sed Orci
Fŭmus ac tenebræ et sĭtus ; sed illud
Non est ; at bona lux, lepŏr vĕnusque ;
Nam te plus oculis amo et medullis.

71.   ### AD AMICUM.

Cur me querelis, Santoli, vexas tuis,
          Nullius errati reum ?
Nisi forte grandis instar errati putas,
          Quod te coloque et diligo.
Quod ingeni vim laudo, mores candidos,
          Animumque fūci nescium,
Salesque puros, dignaque Augusti aureo
          Quæ fundis ævo carmina :

Hæc miror in te cuncta, nec sileo invidus,
Sed voce clara prædico.

72. (LOQUITUR THESEUS).

Nunc adeste sæva ponti monstra; nunc vastum mare,
Ultimo quodcumque Prŏteus æquŏrum abscondit sïnu,
Meque ŏvantem scĕlere tanto răpite in altos gurgites.
Tuque semper, gĕnitor, iræ făcilis assensor meæ.
Sidera et mānes et undas scĕlere complevi meo ;
Amplius sors nulla restat : regna me norunt tria.

73. DE AMICO SEPULTO.

Tu sïnu, Tellus, fŏveas benigno
Crēditum pignus : lĕvibus făvillam
Contĕgas glēbis : placido quiescant
Ossa sĕpulcro.

74. AD AURORAM.

Curru gemmea lucido
Incedit roseis acta jugalibus
Aurora, et varium jubar
Late perpetuis explicat ignibus.
Hic tu Tethyos in sinu,
Titan, necte moras, mītior adspici
Dum lux irrigat aera,
Et mistis hilarat cuncta coloribus.
Tali lumine divites
Vestit, credo equidem, Juppiter insulas,
Secretosque pios ; quibus
Mulcet suaviloquens pectora Socrates
Et mystes Plato Socratis.
Qui te, Diva, tŏro conditus intimo,

Surgentem adspicere abnuit,
Ille Orci tenebras et specus horridum,
Æternum miser accolat.

75. LAUS LUTETIÆ.

Sŭperba turres, tolle, Lŭtētia,
Tectisque nūbes ambĭtiosior
    Lăcesse : jam non invĭdendos
    Objiciat tibi Roma colles.

Non ipse vidit tot Tĭberis pater
Turres, quot arces Sēqŭana, quot dŏmos
    Mīratur æquatas Olympo
    Attonitæ nŏvus hospes urbis.

Sic fertur ōlim marmoream sibi
Struxisse Romam Cæsar, et inclĭtas
    Narratur Amphīon măgistris
    Cantibus ædificasse Thēbas.

76.

Clārum perpĕtuis nomen honoribus
  Dum sēris Ludŏvix transdere sæculis,
  Ætatesque părat ferre per ultimas
    Quæsitum meritis decus ;

Nunc vel nobilium Pyramidum sĭtu
Augusto mŏnumentum exstruit altius;
Nunc vultus pario marmore regios
    Ducunt artifices manus.

At mox illa tuis parta laboribus,
Si non Musa vetat, laurea decolor
Arescet moriens palmaque languidis
    Amittet foliis decus.

77.

Alfène immĕmor atque unanimis false södälibùs,
Jam te nil miseret, dūre, tui dulcis ämïculi ?
Jam me prodere, jam non dubitas fallere, perfide ?
Nec facta impia fallacum hominum cælicolis placent :
Quod tu negiigis, ac me miserum deseris in malis...
Si tu oblitus es, at di meminerunt, meminit Fides,
Quæ te ut pœniteat postmodo facti faciet tui.

78.

Jam rara micant sidera prono
Languida mundo; nox victa vagos
Contrahit ignes luce renata.
Cogit nitidum Phosphoros agmen.
Signum celsi glaciale poli
Septem stellis arcades ursæ
Lucem verso temone vocant.

Jam cæruleis evectus aquis
Titan summa prospicit Oeta.
Jam Cadmeis inclytä Bacchis
Aspersa die dumeta rubent,
Phœbique fugit reditura soror.
Labor exoritur durus, et omnes
Agitat curas aperitque domos.

79. LAUS RURIS.

Simul atra recubantem corylorum tegis umbra,
   Relevas ingenii tædia fessi;
   Potes acres animi pellere curas.

Subit intus reparatos juvenilis vigor artus,
   Tua cum pectoribus ducitur aura :
   Mihi robur vĕgĕtum læta ministras.

Dea colles jaculatrix sinuato quatit arcu
Salientum Satyrorum pede pulsos;
Tua Musæ faciles antra frequentant.

80. LE POÉTE QUI S'ADMIRE LUI-MÊME.

Hoc quid putemus esse? qui modo scurra
Aut si quid hac re tritius, videbatur,
Idem inficeto est inficetior rure,
Simul poemata attigit; neque idem unquam
Æque est beatus, ac poema cum scribit ;
Tam gaudet in se, tamque se ipse miratur.

81. CERBÉRE VAINCU PAR HERCULE.

Attollit hirtas angue vibrato comas,
Missumque captat aure subrecta sonum,
Sentire et umbras solitus. Ut propior stetit
Jove natus, antro sedit incertus canis.
Et uterque timuit : ecce latratu gravi
Loca muta terret, sibilat totos minax
Serpens per armos; vocis horrendæ fragor
Per ora missus terna felices quoque
Exterret umbras. Solvit Alcides feros
Tunc ipse rictus, et cleonæum caput
Opponit, ac se tegmine ingenti tegit,
Victrice magnum dextera robur gerens.
Huc nunc et illuc verbere assiduo rotat.
Ingeminat ictus; domitus infregit minas
Et cuncta lassus capita summisit canis.

82. OLOR ET ANSERES.

Pulchre canens amatas
Pulcher colebat olim

Ripas olor Caystri.
Invidit anserum grex.
Cycnum ergo cingit hostis
Turbatque verberando
Alis nigrum liquorem.
Spumam inde bullientem
Jaciens lutumque turpe
Fœdare avem volebat.
Niveas olor repente
Pennas quatit caputque,
Leviterque tinctus undis
Splendet magis decorus.

83. APPEL A UN ESCLAVE PARESSEUX.

Mane jam clarum reserat fenestras ;
Jam strepit nidis vigilax hirundo :
Tu velut primam mediamque noctem,
    Parmeno, dormis.
Dormiunt glires hiemem perennem,
Sed cibo parcunt: tibi causa somni
Multa quod potas, nimiaque tendis
    Mole saginam.
Inde nec flexas sonus intrat aures,
Et locum mentis sopor altus urget,
Nec coruscantis oculos lacessunt
    Fulgura lucis.
Surge, nugator, lacerande virgis,
Surge, ne longus tibi somnus, unde
Non times, detur: rape membra molli,
    Parmeno, lecto.
Fors et hæc somnum tibi cantilena
Sapphico suadet modulata versu.

Lesbiæ depelle modum quietis,
    Acer iambe.
  Puer eia surge et calceos
  Et linteam da sindonem.
  Da, quidquid est, amictui
  Quod jam parasti, ut prodeam.
  Da rore fontano abluam
  Manus et os et lumina.

84. LE POÈTE FATIGUÉ DU SÉJOUR DE LA VILLE.

Nunc, populi cœtus et compita sordida rivis
    Fastidientes, cernimus.
Angustas fervere vias, et congrege vulgo
    Nomen plateas perdere.
Turbida congestis referitur vocibus Echo :
    Tene, feri, duc, da, cave !
Sus lutulenta fugit, rabidus canis impete sævo,
    Et impares plaustro boves.
Nec prodest penetrale domus et operta subire:
    Per septa clamores meant.
Hæc et quæ possunt placidos offendere mores
    Cogunt relinqui mœnia,
Dulcia secreti repetantur ut otia ruris
    Nugis amœna seriis.

FIN.

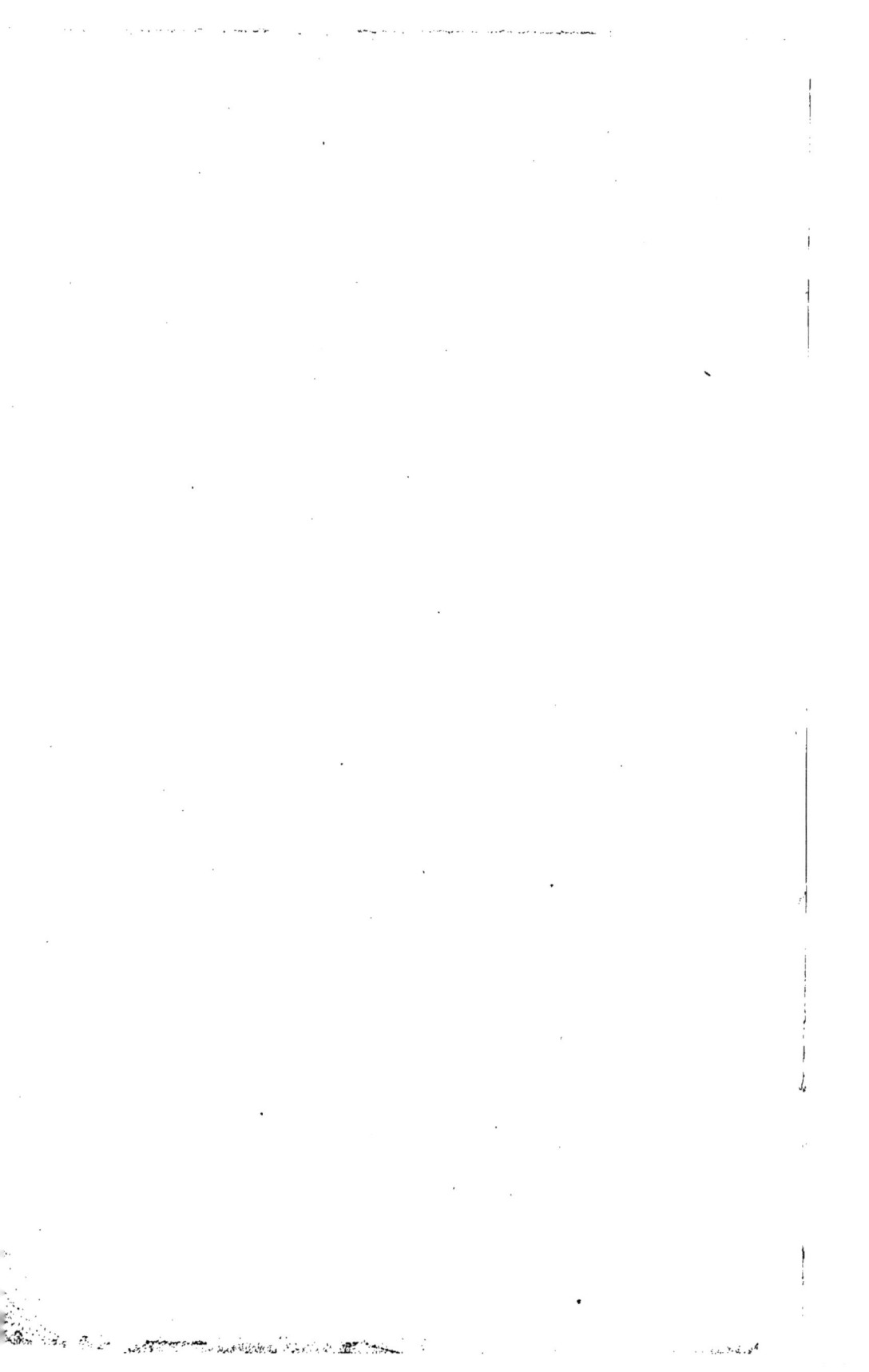

TABLE DES MATIÈRES

EXERCICES DE MÉTRIQUE

FIN DE LA TABLE DES MATIERES

193

www.ingramcontent.com/pod-product-compliance
Lightning Source LLC
Chambersburg PA
CBHW071818090426
42737CB00012B/2132